배워서 나라를 구한 독립운동가들

인물로 읽는 한국사

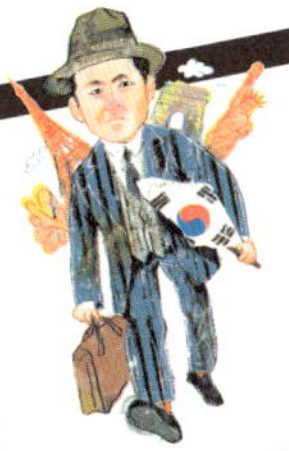

배워서 나라를 구한 독립운동가들

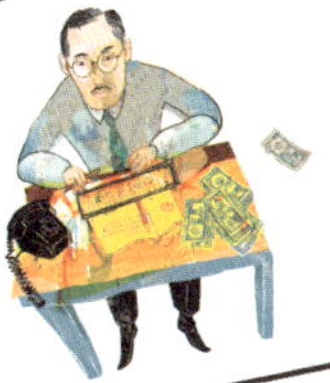

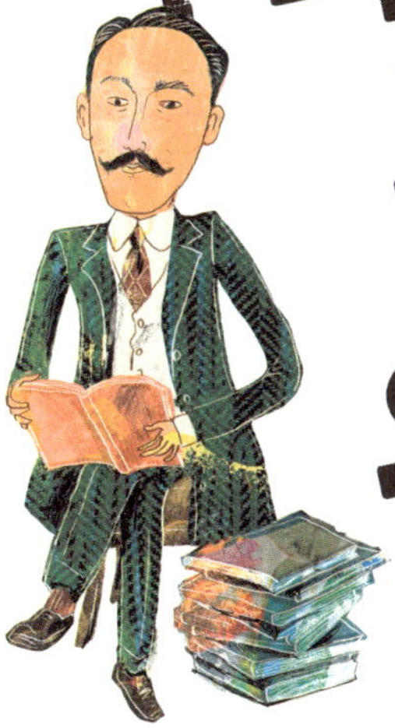

손주현 글 | 원유미 그림

휴먼어린이

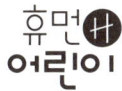

초대하는 글

"배워서 남 주냐?" 이런 말을 예전에는 참 많이 했습니다. 배우는 것은 참 힘든 일이지만, 결국 큰 이득을 얻는 사람은 자신이니 열심히 하라는 뜻입니다. 그럼 그렇게 힘들게 배운 것을 자신이 아닌 남을 위해 쓴 사람들은 대체 어떤 마음이었을까요?

오늘날 학문으로 인류에게 가장 뛰어난 영향을 준 인물을 뽑아 상을 주는 노벨상 수상자들이 바로 그런 사람들일 것입니다. 충분히 넉넉하고 안정된 세상에서는 이렇게 열심히 배워 남을 주면 보상이 따라오지요. 그런데 전쟁이라든가 다른 나라의 지배를 받는 위기의 상황에서는 남에게 베풀어 봐야 돌아오는 것이 거의 없습니다. 그런데도 자신이 배운 모든 것을 베푸는 사람들이 있었습니다.

일제 강점기에 지식으로 우리 민족을 구한 영웅들이 그런 사람들일 것입니다. 민족의 힘을 키우기 위해 가르침에 힘쓴 사람들, 신문을 만들어 민족의 문제를 알린 사람들, 중국 땅에서 우리 민족의 정부를 세우거나 서양 강대국을 상대로 외교 활동을 펼친 사람들까지, 이 모두가 지식을 베풀어 나라를 구한 사람들입니다.

저는 이들 중 특히 인상적인 발자국을 남긴 다섯 분을 추려 여러분에게 소개할까 합니다. 혼자 근대 학문을 공부해 수학, 과학 분야의 지식을 책으로 남긴 이상설, 간호사 자격증을 따고 산파로 일을 하면서 한편으로 독립운동가의 활동을 도운 박자혜, 미국 군인으로 세계 대전에 참전해 유럽에 갔다가 같은 민족의 어려운 처지를 보고 구해 준 황기환, 열심히 배운 경제 지식으로 큰 장사를 일으켜 얻은 이익으로 계몽 운동을 펼치고 독립운동 자금을 댄 안희제, 마지막으로 최초의 근대 의학 박사로, 독립운동을 하며 동료들을 치료했던 김필순입니다.

역사를 돌아보면 어려운 상황에서도 민족 전체를 위해 배운 것을 알뜰히 바친 인물들이 수없이 많습니다. 임진왜란, 병자호란, 6·25 전쟁 등 절체절명의 시기는 늘 있었으니까요. 이때를 잘 더듬어 보면 자신보다 남들을 더 살피며 열심히 갈고 닦은 것을 베푼 사람들을 찾을 수 있습니다. 이 책이 흥미로웠다면 다른 시대의 배워서 남 준 이들을 더 찾아보며 여러분이라면 무엇을 배워 어떻게 베풀 수 있을지 생각해 보면 좋겠습니다.

2021년 8월

손주현

차례

초대하는 글 4

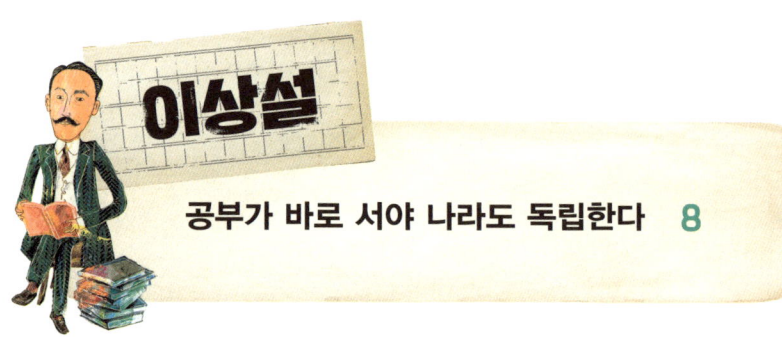

이상설
공부가 바로 서야 나라도 독립한다 8

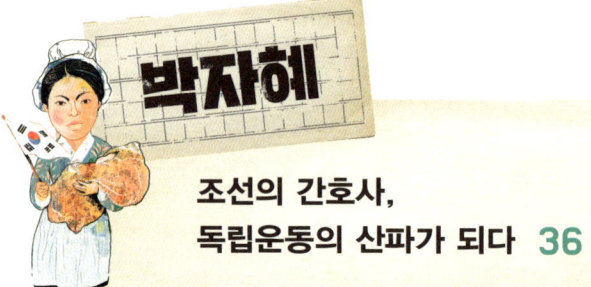

박자혜
조선의 간호사,
독립운동의 산파가 되다 36

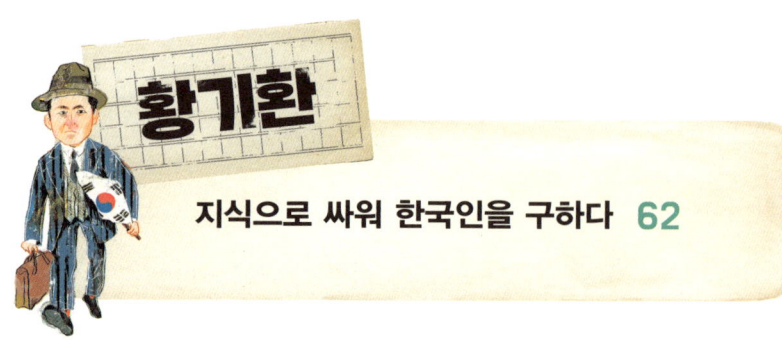

황기환
지식으로 싸워 한국인을 구하다 62

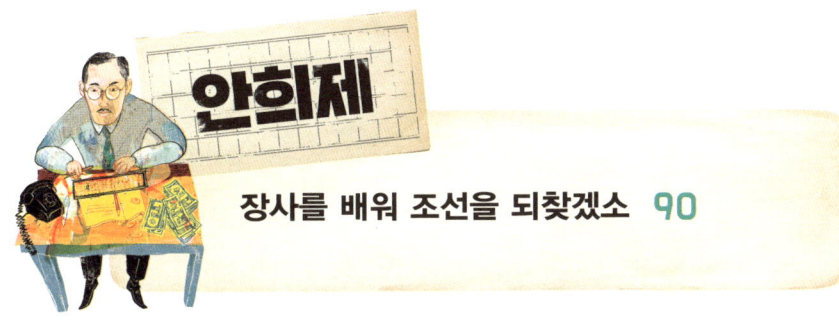

안희제

장사를 배워 조선을 되찾겠소 90

김필순

나라를 구하는 특별한 기술, 의술 114

부록 역사 선생님이 들려주는 헤이그 특사 사건 141

조선의 마지막 과거 합격자

전신이 개통되면서 전국의 소식이 말보다 빨리 도착했다. 덕분에 매일 놀랄 일이 하나둘 전해져 집집마다 불 피울 생각을 못 할 때가 많았다. 1894년 오늘, 천 년 가까이 해 오던 일을 그만둔다는 소식이 들렸다.

"과거 제도를 폐지한다."

조선 땅에서 평범한 남자로 태어났다면 다섯 살 무렵부터 공부를 시작해서 될 때까지 도전하는 것이 과거 시험이다. 흰 수염을 달고 지팡이를 짚는데도 과거장 가는 날만 기다리는 사람도 있었다. 올해 3월에 열린 시험에 떨어지고도 다시 열릴 시험을 준비하며 희망을 버리지 않았는데, 이제 그럴 기회조차도 없어졌다.

공부깨나 한다는 선비들의 한숨이 깊어지는 때, 서울 저동의 한 기와집에 모인 젊은이들은 좀 달랐다.

"지난번 과거를 끝으로 다시는 열리지 않는다니 잘 되었네. 돈만 있으면 합격하는 시험이란 걸 지나가는 개도 아는데 계속할 필요는 없지."

"맞네. 게다가 시대가 바뀌었는데 공자 왈 맹자 왈 하는 시험에 통과한 관리가 무슨 일을 할 수 있단 말인가?"

이웃집 형제 이시영과 이회영이 하는 소리다. 둘은 이상설의 바로 이웃에 살면서 하루가 멀다고 이상설의 사랑방에 찾아왔다. 이상설이 열대여섯 살이었을 때부터 이들은 가끔 모여 같이 먹고 자며 근대 학문을 공부하곤 했다. 이상설이 이회영에게 우스갯소리를 했다.

"조선의 최고 부자인 형님은 정말 안됐습니다. 진즉에 관직을 사 둘 걸 이제 늦었어요."

"예끼, 이 사람! 마지막 과거 시험에 합격했다고 유세 부리는 건가. 나도 자네처럼 시험을 봤다면 합격하고도 남지. 신학문을 공부하자고 꼬드겨서 유학 공부를 방해한 건 자네 아닌가."

이상설은 틈틈이 준비한 결과, 두 달 전 마지막 과거 시험의 합격자가 되었다. 평소에 전국에서 내로라하는 유학자가 찾아와 토론을 하자고 할 정도니 과거 시험 정도는 어렵지 않았다. 다만 아

직 공부할 것이 많아 관직에 나가기가 부담스러웠다. 속도 모르고 같이 공부하던 친구 하나가 떠들었다.

"장원 급제는 아니어도 보재의 답안지를 선비들이 돌려 볼 정도라니 좋은 관직은 따 놓은 당상인데, 과연 어느 자리를 주려나?"

"이 친구 학문이야 워낙 유명하잖나. 오죽하면 이건창 선생이 율곡 이이를 잇는 학자가 나왔다고 칭찬했겠어."

보재는 이상설의 호다. 친구들 말처럼 보재 이상설은 과연 세자를 가르치는 세자시독관으로 임명되었다. 다음 왕이 될 사람을 가르친다는 것은 당대 최고의 학자라는 뜻이었다. 그런데도 이상설은 얼마 하지 않고 그만두었다. 친구들이 놀라서 물었다.

"아니, 그렇게 좋은 자리를 그만두다니 제정신인가?"

"집에서 기다리고 있는 이 책들이 자꾸 어른거려서 일을 할 수가 있어야 말이지. 세자를 가르치는 일은 나 말고도

할 사람이 많지만, 이 책들은 나 아니면 봐 줄 사람이 없잖은가."

그도 그럴 것이 이상설의 사랑방에는 서양에서 들여온 책들이 수북했다. 모두 영어와 프랑스어로 된 책들이라 서재를 채우는 데 꽤 많은 돈이 들었다. 책상 건너에 앉은 친구가 책 하나를 펼쳐 들고 감탄했다.

"이것이 다 무엇인가? 꼬부랑 글씨로 쓰여 있어서 무슨 책인지도 모르겠네."

"이건 새로 나온 수학, 이건 물리, 이건 화학, 이건 철학······."

"그만하게. 아휴, 무슨 글자인지도 모르는데 그 내용은 또 어찌 이해하누."

"십 년 넘게 해 오고도 그런 소릴······. 우리가 더 뒤떨어지지 않으려면 이 학문을 받아들여야 한다며 책 살 돈을 보탠 이가 자네들 아닌가."

이상설은 친구들과 몇 달씩 매달려 공부했다. 영어와 프랑스어, 러시아어 등을 따로 익혀 능통한 상태지만 읽기뿐 아니라 말하기도 필요하다 싶어 외국인을 초대해 따로 배우기까지 했다. 그렇게 공부할 것이 많으니 나랏일을 할 시간이 부족할 수밖에 없었다.

당시 고종 임금은 이상설이 세자시독관을 그만두었다는 소리를 듣고 임금의 비서직으로 불렀다. 이상설은 불려 갔다가 얼마 안 되어 그만두었다.

"몸이 아파 더는 관직을 하지 못하겠습니다."

2년 뒤 다시 임금이 불렀다.

"내가 교육조서를 내렸다. 이제 우리 조선도 근대 학문을 해야 한다. 그것을 가르칠 자는 그대뿐이니 성균관의 관장직을 맡도록 하라. 그대가 우리나라의 학문을 이끌어 가리라 믿는다."

성균관 관장이면 조선에 하나뿐인 대학교의 최고 우두머리이다. 학문을 어느 정도 한다면 누구나 탐내는 자리일 뿐 아니라 영의정, 좌의정 같은 중요 관직으로 가기 위한 발판이 되는 자리이다. 그런데도 이상설은 얼마 안 가 또 핑계를 대며 그만두었다.

"어머님이 편찮으셔서……."

임금도 마침내 포기했다.

"제아무리 좋은 자리라도 저리 마다하니 기이한 자로다."

사람들도 수군댔다.

"성균관의 관장도 싫으면 대체 뭘 하고 싶은 거지? 이상한 사람 아니야?"

배워서 나만 간직하지는 않겠네

이상설은 기어이 관직을 그만두었지만 몸은 배로 바빴다. 하루라도 빨리 터득해서 남겨야 할 것이 많았다. 바쁜 와중에 성균관의 학부 편집국장이 찾아왔다.

"학생들이 공부할 수학책이 필요합니다. 동양의 수학에 없는 개념이 서양의 수학에 많습니다. 이것을 가르칠 사람이 전혀 없으니 최소한 학생들이 보고 연구할 책이라도 있었으면 좋겠습니다."

"모두가 보기 쉽게 우리글로 설명한 수학책을 써 주겠네."

이상설은 수학을 제대로 설명한 책이 없어 답답한 마음을 알기에 선뜻 답을 주었다. 편집국장은 대답을 듣고도 돌아가지 않고 이상설의 서재를 둘러보며 물었다. 널찍한 집은 깨끗하고 먼지 한 톨 보이지 않는데 독특한 냄새가 코를 찔렀다. 책 냄새였다.

"책이 천 권이 넘겠습니다. 마음만 먹으면 대신 자리를 당장이라도 하실 수 있을 텐데 이렇게 책만 파시다니요."

"우리는 뒤늦게 개방해서 일본이나 중국, 러시아보다 근대 학문이 뒤떨어졌네. 나중에 저들이 우리 민족을 깨우쳐 주었다고 나서면 어쩌나. 난 우리가 스스로 깨우쳐야 한다고 보네."

"근대 학문을 우리 스스로 깨우쳐야 한다고요? 아니 저들이 우릴 좀 가르쳐 주면 어떻습니까?"

"우리에게 은혜를 주었다며 저들이 우리나라를 지배하려는 것을 합리화할 것 아닌가. 나는 우리 민족이 우리 힘으로 서양의 근대 학문을 들여왔고, 그자들보다 먼저 연구하고 정리했다는 것을 못 박아 두고 싶네."

편집국장은 그제야 이유를 알게 되었다. 이상설의 서재에서 인근 똑똑한 청년들인 이시영, 이회영 등이 합숙해 가며 근대 학문을 연구하고 토론한다는 소문이 있었는데 그들이 왜 그리 열심이었는지를 말이다.

얼마 뒤 세기가 바뀌었다. 1900년, 20세기가 시작한 것이다. 이상설은 성균관 편집국장에게 완성한 수학책을 보냈다. 《산술신서》라는 제목의 수학 교과서였다.

"몇 년 전에 썼던 《수리》 책을 보완해 학생들이 이해하기 쉽게

만들었습니다. 유용하게 쓰인다면 좋겠습니다."

나라에 진 빚을 조금이나마 갚았다고 생각한 이상설은 내친김에 그동안 공부한 것을 모으고 정리해서 화학책과 물리책, 법률책과 정치책도 펴냈다. 가까운 친구들이 신기해하며 감탄했다.

"아니, 보재 자네는 한 분야도 아니고 그 많은 것을 어찌 머리에 담는단 말인가. 어찌 깨우치고? 그렇게 해서 무얼 하려는가?"

이상설은 무심한 듯 대꾸했다.

"나는 배워서 나만 간직하는 사람이 되지 않겠네."

그 말과 함께 드디어 배운 것을 쓰기 위해 관직에 나아갔다. 과거에 합격한 지 10년 정도 되었을 때였다.

'이제 공부는 충분하다. 다음은 그것을 제대로 써먹는 것이다.'

조정은 이상설을 기다리고 있었다는 듯 각 부서의 두 번째 우두머리인 협판 자리를 내놓았다. 이상설은 법무부의 협판으로 일할 때 가장 능력을 발휘했다. 조선의 법뿐 아니라 세계적으로 통하는 국제법을 꿰뚫고 있었기 때문이다. 그동안 수없이 읽고 연구해서 우리글로 내놓은 국제법 책도 있으니 그 누구도 법에 관한 이상설의 능력을 무시하지 못했다.

법무 협판 자리에 앉자마자 이상설은 자신보다 높은 법무 대신과 언성을 높여 싸웠다. 아무리 봐도 잘못된 판결을 내린 문

서를 두고 볼 수 없다며 따졌다.

"이런, 이런. 이것은 명백히 잘못되었습니다. 배동혁이 배상을 요구할 법적 근거가 없어요."

"쉿! 황귀비께서 배동혁이 이기게 하라고 두 번이나 편지를 써서 보냈네. 황제와 가장 가까운 분이 명령하시는데 따라야지."

황귀비라 함은 명성황후가 시해당한 뒤 고종이 가장 의지하는 후궁이었다. 이 소리를 듣고도 이상설은 눈 하나 깜짝하지 않고 법대로 일을 처리했다. 법무 대신이 말리고 협박을 해도 흔들리지 않았다.

"저는 아는 대로 실천할 뿐입니다. 판결은 오로지 법률에 따라야 합니다."

"이런 답답한 사람 봤나. 곧이곧대로 하다가 잘린다니까."

이 소식을 듣고 고종 임금도 별말 하지 못했다. 얼마 전 일본이 조선의 노는 땅을 개간할 수 있는 권리를 달라며 요구했을 때 거기에 따르려다 혼쭐이 난 일이 있었기 때문이다. 이상설은 당시 세계적으로 통하고 모두가 따르는 법을 담은 《만국공법》이라는 책에 관한 전문가였다. 이 책을 근거로 임금이라고 해도 나라 땅을 다른 나라에 함부로 줄 수 없다고 따지고 들었다. 이러지도 저러지도 못하는 사이, 이상설이 사람들을 모으고 신문에 알리면서 결국 조선 사람들의 저항을 못 이긴 일본이 물러설 수밖에 없었다. 이렇듯 법률이나 법학을 들어 따지는 이상설을 알기에 황귀비와 맞섰다는 소리를 듣고도 별말 하지 않은 것이다.

독립의 희망을 키운 서전서숙

얼마 전 남쪽 지방에 대나무꽃이 자꾸 피어난다는 소식이 바람을 타고 한양에 도착해 사방으로 퍼져 나갔다. 60년, 70년, 혹은 120년마다 한 번 핀다는 대나무꽃은 정말 희귀한 꽃이었다. 그렇게 희귀하면 반가울 법도 하지만 한번 핀 대나무꽃은 밭 전체에 퍼졌고, 꽃이 피면 대나무가 모두 말라 죽어 밭 주인에게는 낭패였다. 밖에서 보는 사람들이나 귀한 꽃이라며 좋은 일이 생길 징조라고 했다.

"왜놈들이 퍼뜨린 게지. 대나무꽃이 무슨 좋은 징조야."

대나무꽃은 역시 주인에게 흉조였다. 얼마 뒤 조선의 외교권을 일본에 맡긴다는 계약서에 다섯 명의 대신이 멋대로 도장을 찍어 버렸다. 이른바 '을사늑약'이다. 이상설은 이 조약의 현장에 가 보지도 못했다. 당연히 반대할 것을 예상한 일본이 이상설을 막아서고 못 들어가게 했기 때문이었다. 일이 끝난 뒤, 이상설은 바닥에 머리를 찧으며 통곡을 하고는 어전 밖에 나아가 무릎을 꿇었다. 몇 날 며칠 비가 쏟아졌다. 머리를 조아린 이상설의 등을 빗줄기가 사정없이 때렸다.

"폐하, 아직 폐하의 도장이 찍힌 것은 아닙니다. 모두 무효로 해야 합니다. 도장을 찍어도 망하고 안 찍어도 망하는 것이라면 폐하가 죽음으로써 나라를 보전하십시오."

감히 임금에게 죽으라는 소리까지 하다니 목숨을 내놓고 하는 행동이었다. 고종 임금은 상대가 대쪽 같은 이상설인지라 꾹 참고 답했다.

"어쩔 수 없는 일이다. 물러가라."

이미 강을 건너 버렸다. 일본은 이상설이 혹시나 무슨 일을 저지를까 감시하기 시작했다. 황무지 개간권을 요구했을 때 당해 봐서 이상설의 힘을 알고 있었다. 나라를 위한 마음과 뛰어난 머리, 둘 중 하나만 있어도 위험한데 이상설은 둘 다 있었다. 이상설은 관직을 버리고 일본의 감시를 피하기로 결심했다.

'이미 목숨줄을 내놓은 나라다. 내가 조정 관리로 일을 한들 되찾을 수는 없다. 차라리 나라 밖으로 가서 대놓고 싸우자.'

이상설은 그날로 집안 재산을 모두 팔아 치우고 가족들을 챙겨 나라 밖으로 떠났다. 목적지는 북쪽 국경선 근처의 간도 용정촌. 이곳에는 일을 찾아 넘어온 조선 사람이 많이 살고 있었다. 얼기설기 지어 놓은 허름한 집들에 여러 가족이 사는 모습이 보였다. 가뜩이나 쓸쓸한 땅에 공기마저 얼어붙는 날이 많은 곳이어서 더 비참해 보였다. 조선인들은 황량하고도 낯선 땅에서 끈질기게 살아남았다.

이상설은 그들에게서 희망을 보았다.

'지금은 비록 비참해 보이나 지식을 불어넣으면 달라진다. 저들은 나라를 되찾을 전사가 될 것이다.'

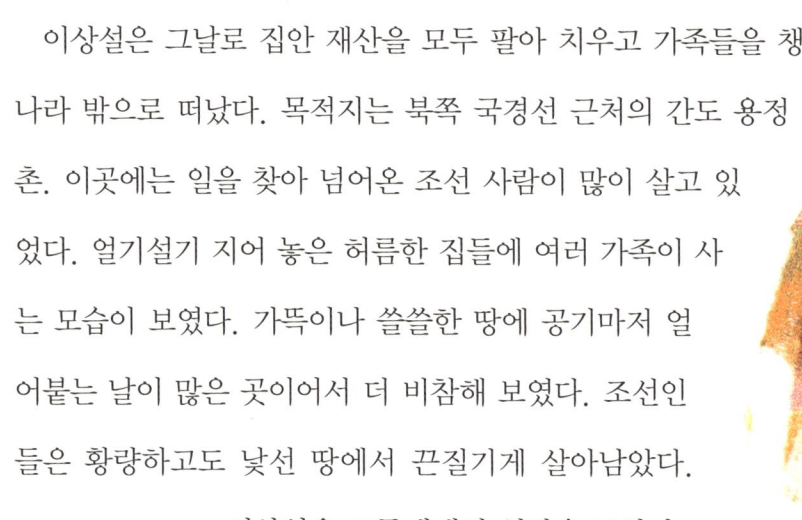

이상설이 용정의 조선인 아이들을 모은다는 소문이 담장을 타고 퍼져 나갔다. 커다란 건물을 빌리고 학교를 연 것이다. 이름하여 '서전서숙'. 아이들에게 공부를 시키고 싶어도 할 방법이 없었던 조선인 부모들에게 이보다 반가운 소식은 없었다.

70명의 인근 조선인 아이들과 청년들이 두 반으로 나뉘어 학문을 배웠다. 연필까지 모두 무료로 받았다. 이상설이 전 재산을 팔아 가져온 돈으로 모든 비용을 댔다. 이상설은 어쩌면 지금까지 공부해 온 것을 가장 유익하게 써먹을 수 있겠다는 생각이 들었다. 그 생각에 수학과 과학 등을 도맡아 열정적으로 가르쳤다. 머리가 굵은 학생들 몇몇이 가끔 이런 질문을 했다.

"이 시국에 수학, 과학 공부라니요?"

"수학과 과학은 기초 학문이다. 기초를 단단히 해야 학문이 흔들리지 않는 법. 일본이 수학과 과학, 외국어, 정치, 법률 등 각종 서양의 근대 학문을 갈고닦아 그 기술로 우리를 침범했는데 우리는 옛날 학문만 파서 되겠느냐."

중국 땅에서 중국 사람에게 무시당하며 살아온 서전서숙 학생들은 자신을 위해 나서 줄 나라가 없는 설움을 항상 느꼈다. 이들은 자신들에게 과분한 실력의 선생에게 조선에서 가장 앞선 교육을 받는다는 것을 잘 알고 있었다. 그래서 이상설에게 하나라도 더 배우기 위해 필사적이었다. 교장이자 교사인 이상설은 늘 강조했다.

"학문으로 무장하면 독립과도 더 가까워진다."

용정에 있는 일본인 경찰이 그냥 두고 볼 리가 없었다. 용정에는 외교권이 없는 조선 정부를 대신해 조선인을 돕는다는 명목으로 일본의 간도 파출소가 세워져 있었다. 간도 파출소 소장 사이토는 수시로 접근해서 서전서숙 안에서 무슨 일이 일어나는지 염탐했다. 염탐 후 일본에 세세히 보고하는 일도 잊지 않았다.

사이토는 수업을 마치고 돌아가는 학생들의 눈빛을 보면 괴로워 미칠 지경이 되었다. 결국 참지 못하고 행동으로 옮겼다. 학생들을 보내고 건물을 살피는 이상설을 발견하고 사이토가 슬슬 다가왔다.

"지나가는 길인데 배가 고프군. 혹시 밥을 좀……."

눈앞에서 문이 쾅 닫혔다. 사이토는 소리쳤다.

"그럼 물이라도 한 잔 주시오. 목이 몹시 마르군."

이상설은 눈길도 주지 않았다. 경찰은 다시 문을 두드렸다.

"아니, 이리 무례할 수가. 목이 말……."

"쾅!"

"나를 이렇게 대접하다가는 큰코다칠 텐데?"

다시 문이 닫혔다. 일본 경찰은 문에 대고 고래고래 소리를 질렀다. 하지만 자신을 전혀 두려워하지 않은 태도에 어쩌지 못하고 돌아섰다. 나중에는 괜히 부하들을 보내 주변에서 어슬렁거리며 드나드는 학생들을 붙잡아 시비를 걸었다. 학교를 사들이려고 계략을 짜는가 하면, 후원금을 주겠다며 일제에 협조하도록 꼬드기기도 했다. 아무리 수를 써도 반응은 없었다. 일본 측은 꼿꼿하기만 한 이상설의 태도에 어쩔 줄 모르고 발만 동동 굴렀다.

어느 날 비밀리에 누가 이상설을 찾아와 편지 한 장을 주고 사라졌다. 편지에는 이렇게 쓰여 있었다.

상설은 보아라. 그대를 보내고 나 홀로 대궐 안에 있는 동안 살아도 살아 있음이 아니다. 도처에 오랑캐들의 목소리와 발소리뿐이니 누가 있어 우리 한민족의 설움을 달래 줄 것이냐. 상설은 이제 내 말을 명심해서 시행하도록 하라. 만국 평화 회의의 특사로 그대와 평리원 검사 이준을 임명하고, 이위종을 사절로 임명하여 보내니 조금도 실수가 없도록 하라.

고종 임금이 보낸 비밀 편지였다. 편지와 함께 황제의 도장이 찍힌 특사 신임장과 세계 언론에 보내는 호소문, 러시아 황제에게 보내는 편지 등이 있었다. 평화 회의를 하러 모인 전 세계 사람들에게 조선이 강제로 나라를 빼앗겼음을 호소하라는 명령이었다. 나라를 위해 목숨을 내던질 수 있는 용기를 가졌고, 문제가 생겨도 언제든 현명하게 처리할 두뇌를 가졌으며, 영어·프랑스어·러시아어 등을 구사하는 사람이 제격인 자리였다.

'임금께서는 조선이 외교라는 방법으로 일본의 손아귀에서 벗어날 마지막 기회라고 판단하셨구나.'

이상설은 임금의 편지를 읽고 오랫동안 생각에 잠겼다. 그러고 며칠 뒤, 언제 돌아올지 모르지만 꼭 다시 오리라 다짐하며 또 먼 길을 떠났다.

서전서숙은 더 큰 일을 위해 문을 닫았다. 그러나 교사와 학생들은 늘 교가를 기억했다.

'한 사람이 백 사람인 듯 배워서 나라를 구해 보고 백성을 구해 보세.'

서전서숙의 교육 정신이 파도를 타고 사방으로 퍼져 나갔다. 그 파도가 독립군 기지가 될 학교를 세우는가 하면 미래의 독립군을 가르쳤고, 직접 독립운동가가 되어 활약하기도 했다. 이 파도가 퍼져 나가는 것은 일본도 어찌지 못했다.

이상설

조선의 대신 이상설, 이준과 이위종을 이끌고 전 세계에 을사늑약이 위법임을 알리다!

조선 말기, 고위 관리 출신인 이상설이 고종의 특명을 받아 네덜란드 헤이그에서 열린 만국 평화 회의에 참가하였다. 이곳에서 세 명의 특사들은 조선의 외교권을 뺏은 을사늑약은 일본이 강제로 체결한 잘못된 조약임을 전 세계 대표들에게 알리고자 하였다. 하지만 일본의 방해로 실패했다. 그래도 세계 강대국 기자들이 모인 발표회에서 일본의 파렴치한 짓을 낱낱이 고발하고, 그들 외교관을 만나 조선의 어려운 상황을 알림으로써 영국, 프랑스, 러시아 등의 대표들이 상황을 충분히 이해하고 도와줄 것을 약속했다.

헤이그 특사 3인
1907년 헤이그 만국 평화 회의에 파견된 특사 3인의 모습. 왼쪽부터 순서대로 이준, 이상설, 이위종이다.

💬 충청북도 진천 출신의 이상설은 어릴 때부터 영특해 고위 관리였던 친척의 눈에 띄었고, 그 집에 양자로 들어가 서울로 올라와 성장했다. 십 대에 이웃 친구인 우당 이회영 선생 등과 서양 근대 학문을 공부하여 조선 최초의 근대 수학책, 화학책, 법률책 등을 썼다. 조선의 마지막 과거 합격자로 성균관 관장, 각 부서 대신을 지내고 36세의 젊은 나이에 의정부 참찬까지 지냈다.

율곡 이이를 잇는 천재라는 소리를 들었던 이상설은 그의 비상함을 바탕으로 헤이그 특사 활동을 비롯해 일본의 간담을 서늘하게 할 각종 독립운동을 펼쳤다. 안중근 의사는 "가장 존경하는 사람은 이상설"이라고 했고, 이범윤 독립군 대장은 "의병 만 명을 합쳐도 이상설 하나만 못하다."라고 했다. 어떤 사람인지 만나 보자.

'근대 수학의 아버지'라고 불리시는데, 1890년대에 조선에서 수학이라는 학문은 어땠습니까?

1700년대에 중국으로부터 들어온 《수리정온》이라는 책이 있었지만 연구가 활발하진 않았습니다. 1900년이 될 때까지도 더하기, 빼기 등을 +, - 같은 기호가 아니라 말로 해서 계산을 했지요. 저는 《수리정온》을 읽고, 여기에 서양의 근대 수학책을 공부한 뒤 《수리》와 《산술신서》를 썼습니다. 처음으로 방정식 등을 기호를 써서 정리하였지요. 일본은 일제 강점기에 일본이 조선에 수학을 가르쳐 주었다고 하지만, 그것은 틀린 것입니다. 제 책 《수리》가 그보다 훨씬 앞서 나왔으니까요.

을사늑약 전에도 일본에 맞서 싸우신 일이 있다고 하던데요?

일본은 조선의 땅을 차지하기 위해 황무지로 놀고 있는 땅을 자기들이 개발해 그 땅을 이용하겠다며 황무지 개간 권리를 달라고 했습니다. 이는 속임수일 뿐 멀쩡한 조선 땅을 차지하겠다는 속셈이었지요. 저는 제가 공부한 국제법의 조항을 들어 그것이 잘못되었음을 신문을 통해 알리고, 임금에게 상소문을 올려 절대 허가하지 말라고 요청했습니다. 여론이 안 좋아지자 결국 일본이 포기했습니다.

서전서숙은 보재 선생께서 헤이그로 떠나는 바람에 그리 오래가지 못했다고 하는데, 그런데도 높은 평가를 받는 이유가 무엇이라고 보십니까?

제가 특사로 임명되어 헤이그로 떠나야 했기 때문에 서전서숙은 1년 남짓 운영되었습니다. 하지만 문을 닫고도 이곳 출신의 교사와 학생들이 만주 여기저기로 나아가 다른 민족 학교를 세우고 독립운동가를 계속 양성하였습니다. 만주 지역에서 독립운동가를 어떻게 키우고, 독립운동이 어떻게 나아가야 하는지를 알려 준 것이 높은 평가를 받은 이유라고 생각합니다.

헤이그에서는 어떤 활동을 하셨나요?

원래 제가 맡은 임무가 만국 평화 회의에 참석한 각국 대표들에게 을사늑약의 부당함을 알리고 조선을 도와 달라고 설득하는 것이었습니다. 저희 3인 대표는 본회의에 참가하지 못했지만, 밤마다 헤이그 살롱에서 을사늑약이 강제였음을 알리고 조선이 네덜란드처럼 중립국으로 남게 해 달라고 호소했습니다.

헤이그 특사 활동을 마치고 그다음은 무슨 일을 하셨나요?

미국과 러시아, 영국을 돌며 헤이그에서 하던 홍보 활동을 계속했습니다. 그 결과 각국 관리들의 동조를 얻었지요. 이 외교 활동이 있었기에 훗날 대한민국 임시 정부의 외교 독립 활동이 가능했다고 봅니다. 미리 조선의 상황을 알려 둔 덕분에 서양 강대국들이 임시 정부에 도움을 주었으니까요. 저는 외교 활동을 마치고 만주로 돌아와 다시 독립군 기지를 만들기 위해 활동했습니다.

이상설(1870~1917)

"조국 광복을 보지 못한 처지에 이 세상에 그 무슨 흔적을 남기겠는가. 나에 대한 모든 문헌과 기록을 태우고, 내 몸도 화장해 강에 뿌려 달라."

조선의 천재 관료이자 헤이그 특사로 활약했고, 블라디보스토크에 최초의 임시 정부인 대한광복군 정부를 세운 이상설. 그는 아무것도 남기지 말아 달라는 유언을 뒤로하고 러시아 니콜리스크에서 눈을 감았다. 강에 뿌려진 선생의 유해는 동해를 타고 조국에 닿아 여전히 광복을 외치고 있을 것이다.

− ○○○ 기자

박자혜

조선의 간호사, 독립운동의 산파가 되다

아기나인이 간호부 되다

박자혜는 지친 다리를 주무르며 창밖의 병원 뒷산을 바라보고 있었다.

'언덕이 노란 개나리로 물드는 것을 보려면 더 기다려야 할 것 같아.'

복도 쪽으로 고개를 돌리다 점점 다가오는 울긋불긋한 꽃 무더기를 보고 놀라 벌떡 일어났다. 꽃 무더기 뒤에서 사람 하나가 고개를 내밀고 물었다.

"히토미 부인의 병실이 어디인가요?"

특실에 일본 고위 관리 부인이 입원해 있는데 그 방에 병문안을 왔나 보다. 박자혜는 꽃에 홀려 입만 벙긋대며 답하지 못했다. 그때 김 간호부가 멀리서 뛰어와 끼어들었다.

"특실은 여기입니다."

히토미 부인에게 잘 보이려 무던히 애쓰는 김 간호부는 기회를 놓치지 않았다.

박자혜의 눈이 꽃 무더기를 계속 따라갔다. 문득 봄이면 궁궐 여기저기 흐드러졌던 꽃 무더기가 떠올랐다.

'수라간 앞 꽃 무더기가 저랬었지.'

박자혜는 다섯 살에 궁에 들어가 궁녀가 되었다. 이제는 기억도 잘 나지 않지만 임금의 부인 중 한 분을 모시다가 열다섯 살 무렵 갑자기 쫓겨나며 그분과 헤어졌다. 조선이 일본에 합병되는 바람에 황제는 갑자기 이름뿐인 왕이 되어 가족들과 함께 궁궐 한쪽으로 밀려났고, 그들의 손발이던 궁녀와 내관들도 해고되어 어쩔 수 없이 쫓겨났다.

박자혜는 궁궐에서 나와 숙명여학교를 거쳐 조산부 양성소를 들어갔을 때도 아무도 원망하지 않았다.

'어린 나이에 궁녀로 들어간 보람도 없이 또 다른 일을 찾아야 하는구나. 누구를 탓하겠느냐. 혼자 힘으로 살아남아야 하는 내 처지 탓인 것을.'

출산을 돕거나 임산부와 신생아를 돌보는 조산부는 간호부의 일부로, 조선의 전문직 중 하나로 인정받았다. 다들 시집갈 준비를 하는 나이에 스스로의 힘으로 먹고살 능력을 키우기 위해 모여든 만큼 조산부 양성소의 경쟁은 치열했다. 그곳에서 만난 박자혜와 김 간호부는 졸업 후 조선총독부 의원까지 함께 왔다. 김 간호부는 일본 고위직이나 부자 환자들, 의사들에게는 절절매고 보통 환자에게는 늘 으쓱댔다. 같은 간호부 박자혜에게도 늘 말했다.

"조선 여성으로서 누구에게나 인정받을 수 있는 간호부를 선택한 것은 잘한 일이야. 여자도 출세할 수 있는 몇 안 되는 길이지."

간호부는 전국 통틀어 몇백 명밖에 없는데 그중 조선인 간호부는 마흔 명도 채 되지 않았다. 김 간호부 말대로 최고 전문직에 속했다. 그래서 환자들의 피 묻은 붕대나 똥 묻은 환자복까지 만져야 하는 어려움은 숨겼다. 박자혜는 누가 어떤 대접을 해 주는가보다 배운 것을 제대로 잘 써먹는 것이 중요하다고 여겼다.

"우리는 그 어려운 간호학, 생리학 등을 배우고 해부학까지 실

습했어. 조산사 전문 자격증을 따기 위해 밤새워 공부할 때 코피를 얼마나 쏟았는지 몰라. 나는 배운 것을 잘 활용해 어려운 사람을 돕고 싶어."

잠시 옛 생각에 잠겨 병원이 바빠진 것도 모르고 있었다. 여기저기서 신음 소리가 터져 나오고, 의사와 간호부를 부르는 소리가 찢어지듯 허공을 갈랐다.

"여기요, 여기! 칼에 팔이 잘렸어요!"

"이곳이요. 몽둥이에 맞아 뼈가 부서졌어요. 간호부, 간호부!"

실려 오는 환자들의 얼굴이 어딘가 낯익었다. 아침에 거리에서 본 것 같은 느낌이 들었다.

'어제오늘 거리의 분위기가 심상치 않았다고들 수군대던데……'

고종 임금의 장례식을 맞아 모여든 사람들이 일본의 탄압을 못 참겠다며 조선의 독립을 외쳤다. 당연히 일본은 무기로 맞섰고, 아무것도 없이 맨손으로 독립을 외치기만 했던 조선인들이 피를 흘리며 쓰러졌다. 그렇게 다친 사람들이 병원으로 실려 왔다.

박자혜는 꼬박 하루를 먹지도 자지도 못하고 환자들을 치료했다. 의사들이 몇 명 되지 않아 간호부들이 할 일이 많았다. 눈꺼풀이 내려앉는데도 쉴 수 없었다. 환자들은 연신 고맙다며 손을 잡았다.

"감사합니다. 간호부는 기술이 있으니 죽어 가는 사람도 살리는군요."

"의사 선생님 덕분이죠."

"그래도 약 바르고 주사 놓고, 반은 간호부가 하잖아요. 많이 배워서 참 좋은 일에 쓰십니다."

박자혜는 그동안 먹고살기 바빠 조선총독부 의원에서 일하면서도 별생각이 없었다. 일제 때문에 궁에서 쫓겨났지만 조국이 왜 중요한지, 일본의 핍박이 왜 억울한지 깊게 생각하지 못했다. 그런데 거리에서 독립을 외쳤을 뿐인데 팔이 잘리고 배가 찔린 사람들을 보자 멍해졌다.

"박 간호부, 저쪽 침상의 환자가 결국 죽었어요. 빨리 보호자를 찾아 데려가라고 하세요."

의사 하나가 메마른 목소리로 말했다. 칼이 배를 관통해서 피를 너무 많이 흘린 환자였다. 박자혜는 침상으로 다가가 환자를 내려다보았다. 죽음을 한두 번

본 것도 아닌데 참을 수 없는 눈물이 터져 나왔다.

한참을 그렇게 울고 있는데 일본 헌병이 병원에 들이닥쳤다. 헌병들은 치료도 마치지 못한 환자들을 마구잡이로 끌고 나갔다.

"이 폭력배 놈, 바로 체포하겠다. 당장 일어서!"

박자혜가 놀라 헌병을 붙잡았다.

"아직 치료도 마치지 못했습니다. 이분은 환자예요."

"환자는 무슨 환자. 당장 죽어도 할 말 없는 폭력 분자라고. 당장 비켜!"

우악스럽게 밀어 내치는 손길에 박자혜는 저만치 나가떨어졌다. 환자는 아직 묶지 못한 붕대를 질질 끌며 일본 헌병에게 끌려 나갔다. 한두 명이 아니었다. 오늘 들어온 환자들은 모두 피를 흘리며 잡혀갔다. 이미 생명이 끊긴 시신마저 짐짝 옮기듯 데려갔다. 죽은 사람조차도 병원의 혜택을 주지 않겠다는 것 같았다. 박자혜는 눈물을 흘리며 이를 앙다물었다.

그날 일을 마치고 박자혜는 집에 가려는 조선인 간호부들을 불러 모았다. 조선총독부 의원의 의사와 간호부는 거의 일본인이었고, 조선 사람은 10명 남짓이었다. 박자혜는 조선 간호부들을 은근히 떠보았다.

"오늘 환자들 봤지? 모두 조선의 독립을 주장하다 죽거나 다쳤어. 일본 헌병은 환자들을 마구잡이로 끌고 갔고. 그동안 자신들이 한 일은 생각하지도 않고 우리 조선인을 개돼지로 보는 거야. 어떻게 생각해?"

"나도 환자들이 끌려 나가는 걸 보고 지금 혼이 쏙 빠졌어. 금방이라도 쓰러질 것 같아."

"우리가 직업이 있다고 가만있기는 너무 부끄러운 일이야. 만세 운동은 계속 있을 거야. 우리도 함께하자."

조선 사람이라고 다 독립을 꿈꾸지 않았다. 일제의 지배 아래에서도 얼마든지 잘 먹고 잘살 수 있는 사람들은 많았고, 그들은 독립할 필요성을 느끼지 못했다. 조선 여성 중 최고의 직업을 가진 조선총독부 의원의 간호부라면 굳이 독립을 원하지 않을 법도 했다. 김 간호부는 특히 그랬다.

"나는 잘 모르겠어. 굳이 저렇게 죽을지도 모르는 일에 나서야 하는지 말이야."

"맞아. 조신한 여자라면 함부로 나서서는 안 돼."

박자혜는 한숨이 나오려는 것을 감추고, 반대하는 간호부들을 웃는 얼굴로 보내 주었다. 조선 간호부 10명 중 4명이 남았다.

"모임의 이름을 '간우회'라고 하자. 시작은 넷이지만 열심히 한다면 금방 20명, 30명이 될 수 있어."

간우회의 첫 번째 활동은 독립선언서를 구해 며칠 뒤 거리에서 나눠 주는 일이었다. 거사 일은 1919년 3월 10일이었다. 하지만 누가 밀고했는지 일본 경찰이 들이닥쳤다. 박자혜는 그길로 감옥에 갇히고 말았다. 죄목은 간호부 선동죄였다.

독립운동의 조산소

박자혜는 병원장의 보증으로 감옥에서는 금방 나올 수 있었다. 하지만 일본의 감시가 심해져 무엇도 하기 힘들었다. 결국 감시를 피해 중국으로 갔고, 1922년 아들을 데리고 둘째를 임신한 몸으로 이제 막 귀국했다. 귀가 떨어져 나갈 것 같은 추위에 박자혜는 아이들을 더 꼭 끌어안았다. 춥고 배고픈 것보다 조선의 현실이 마음을 더욱 시리고 아프게 했다.

'나라를 잃은 지 어언 16년, 조선 사람들은 이제 독립에 대한 희망을 점점 잃어 가는 것처럼 보이는구나.'

다음 날, 간호부 일을 같이했던 친구가 찾아왔다. 그 친구는 박자혜가 어떻게 애를 낳았고, 왜 돌아왔는지 궁금해했다.

"이곳에서 일제의 감시가 심해져서 중국으로 갔잖아. 거기서 의과대학을 다닌다고 하더니 어쩌다 애를 낳아 돌아온 거야?"

"의과대학을 다녔지. 중국에서는 독립군들의 활동이 왕성한 것을 보며 생각이 조금씩 바뀌었어. 나는 공부도 공부지만 그들의 활동에 도움이 되고 싶어 함께했지. 그러다 단재 선생을 만났어. 우리는 혼인하고 아이를 낳았지만, 단재 선생이 일제에 너무 쫓기는 바람에 편히 살 수가 없었어."

"단재 선생을 만나다니 대단하다. 그분이 제대로 활동하기 위해서는 너와 아이들이 여기에 자리 잡고 있는 게 최선이겠구나. 그래야 안심하고 독립운동을 할 수 있을 테니까."

단재 선생이란 당시 조선 최고의 문장가이자 역사가이고, 일제가 가장 두려워하는 독립운동가 중 한 분인 신채호다. 박자혜는 남편의 활동으로 이야기가 옮겨 갈까 봐 얼른 말을 돌렸다.

"내가 떠나 있는 동안 조선은 병이 더 깊어진 것 같아. 일본은 3·1 운동 이후로 조선 사람들의 저항에 놀란 탓에 대놓고 나쁜 짓을 하진 않아. 하지만 뒤로 조선 사람들을 억누르고, 마지막 쌀 한 톨까지 교묘하게 빼앗아 가고 있어."

"그렇지. 말은 두 나라가 하나라고 하지만, 조선 땅에서 하나라도 더 뜯어내려고 안달이지. 거기에 반항하는 것은 무모한 짓이 되었어. 너도 허튼 생각 말고 애들이랑 먹고살 궁리나 해."

박자혜는 먹고살기 위해 산모를 돌보고 아기를 받아 주는 조산소를 차렸다. 당시 보기 드문 전문인이라 안정되게 살 것으로 기대했지만 현실은 달랐다. 산모보다 경찰이 더 자주 찾아왔으니 당연했다. 사람들은 박자혜를 불쌍하게 여겼다. 남편이 아무리 대단한들 먹고살기 어려워 매일 굶다시피 했기 때문이다. 방세도 내지 못하고 힘들어한다는 소식이 신문에도 실릴 정도였다.

하지만 힘들게 사는 것이 모든 것을 포기하고 살아간다는 뜻은 아니었다. 겉으로는 먹고사느라 세상일에는 아무 관심이 없는 것처럼 보였지만, 속으로는 그 와중에도 여전히 힘차게 독립운동을 펴고 있었다. 박자혜는 중국 감옥에 갇힌 남편에게 편지를 보낸다는 이유로 그 줄을 통해 독립운동가들에게 연락을 전하거나 물건을 전달했다. 경성으로 숨어든 독립운동가들을 숨겨 주고, 그들의 일을 돕기도 했다. 누구보다 일본 경찰의 감시가 심한데도 나라 안과 밖의 연락책 역할을 해내다니 여간한 담력과 지혜가 아니면 힘든 일이었다.

어느 날, 박자혜에게 은밀히 소식이 전해졌다.

'조선 의열단의 단원 나석주 경성 잠입 예정. 지원 바람.'

조선 의열단은 일본 주요 기관을 폭파하고 일본 관료들을 저격

하는 일을 통해 독립을 주장하는 단체였다. 이번에는 조선의 돈을 있는 대로 쥐어짜서 일본으로 보내는 동양 척식 주식회사와 조선 식산 은행의 폭파를 계획한 모양이었다. 박자혜에게 이번 일은 여느 일보다 더 크고 위험했다. 의열단의 활동은 일본 경찰이 가장

 두려워하고 치를 떠는 일이었기 때문이다. 그들을 도왔다는 사실이 발각되면 목숨이 남아나지 않을 것이다.
 1926년, 새해가 며칠 안 남은 날이었다. 변변히 입을 솜옷 하나 없는 박자혜는 홑겹 옷에 무명천으로 목덜미만 둘둘 만 채 꽁꽁

언 길을 서둘러 걸었다. 주변에 감시하는 눈이 없는지 오랫동안 살펴보고는 미리 약속해 둔 집에 들어갔다. 자신의 집은 경찰이 계속 지켜보고 있어 다른 장소를 잡을 수밖에 없었다. 나석주가 숨어 있다가 몸을 드러냈다.

"와 주셔서 감사합니다. 위험한데 도와주셔서

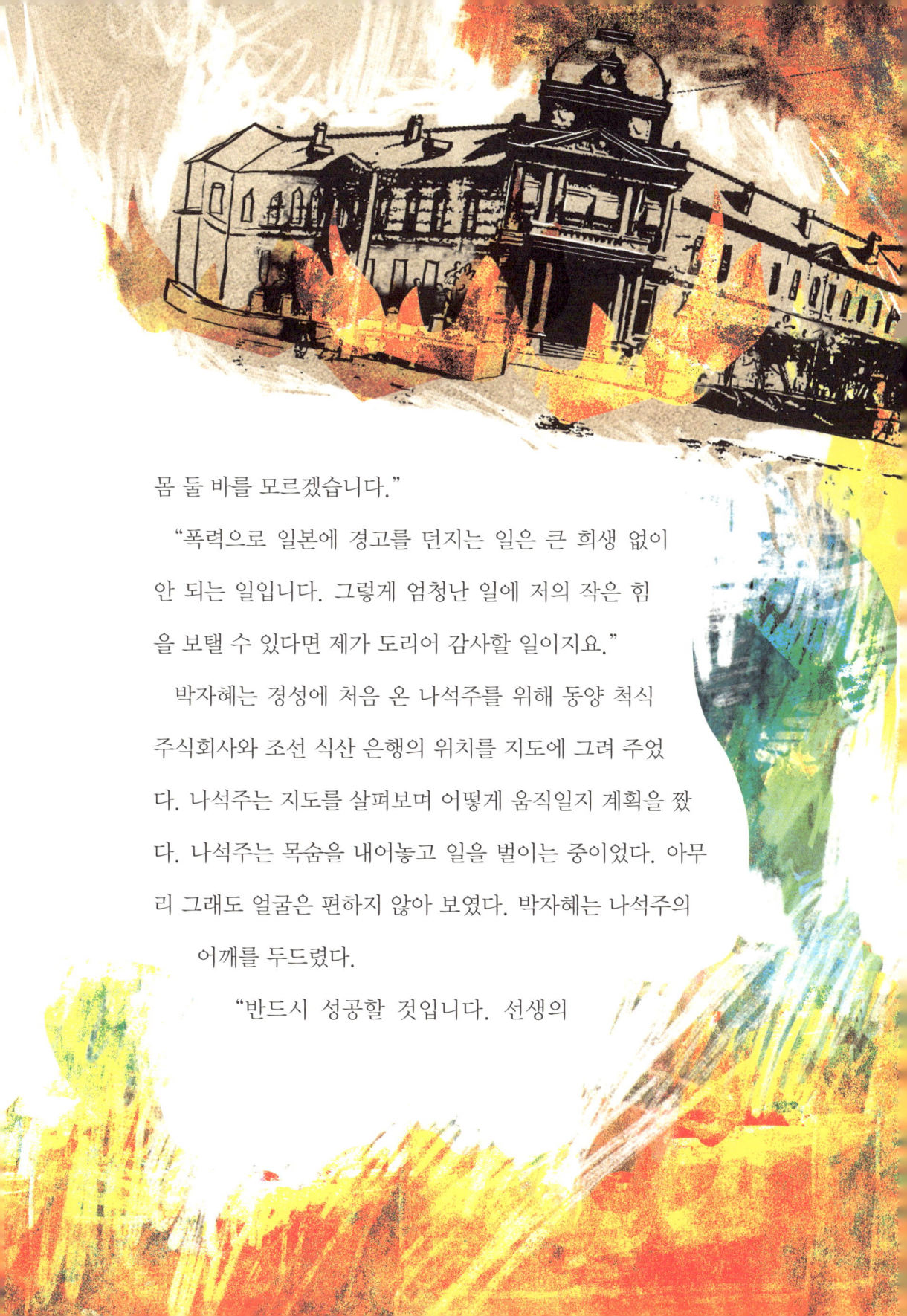

몸 둘 바를 모르겠습니다."

"폭력으로 일본에 경고를 던지는 일은 큰 희생 없이 안 되는 일입니다. 그렇게 엄청난 일에 저의 작은 힘을 보탤 수 있다면 제가 도리어 감사할 일이지요."

박자혜는 경성에 처음 온 나석주를 위해 동양 척식 주식회사와 조선 식산 은행의 위치를 지도에 그려 주었다. 나석주는 지도를 살펴보며 어떻게 움직일지 계획을 짰다. 나석주는 목숨을 내어놓고 일을 벌이는 중이었다. 아무리 그래도 얼굴은 편하지 않아 보였다. 박자혜는 나석주의 어깨를 두드렸다.

"반드시 성공할 것입니다. 선생의

의지를 보니 놈들의 소굴이 절대 남아나지 않을 것 같습니다."

마침내 일을 벌이기로 한 날이 왔다. 나석주는 폭탄과 권총을 숨기고 경성의 번화가로 갔다. 조선 식산 은행에 귀신처럼 숨어들었다. 경비들이 몰려오기 전에 1층 사무실에 폭탄을 던졌다. 하지만 기술이 부족했던지 부실한 폭탄은 터지지 않았다. 경비가 소리를 듣고 몰려오자 나석주는 급히 자리를 피해 밖으로 나갔다.

다음은 원래 목표했던 동양 척식 주식회사였다. 각종 이유를 대서 조선 농민들의 땅을 빼앗고 일본인에게 넘겨주는가 하면, 조선의 농산물을 헐값에 사서 일본으로 빼돌리는 흡혈귀 같은 존재였다. 박자혜는 몸을 숨기고 멀리서 동양 척식 주식회사를 바라보며 마음을 졸였다.

'제발, 제발 성공하길…….'

총격 소리가 났다. 나석주는 동양 척식 주식회사에 들어가 폭탄을 던지고 몰려드는 일본 관리를 향해 총을 발사했다. 그리고 경찰을 피해 거리로 나가 한참을 도망치다 수백 명의 일본 경찰에 포위되었다. 포위한 일본 경찰과 한참 동안 총격전을 벌이면서 여러 명을 죽였다. 그리고 마지막 총알 한 알이 남자 하늘을 보았다. 겨울 하늘이 유난히 맑고 푸르렀다. 나석주는 세상을 향해 크게 외치고 총을 들어 자신을 향해 쏘았다.

"나는 조선의 자유와 독립을 위해 싸우다 간다! 대한 독립 만세!"

일본은 나석주의 공격에 얼이 빠져 한동안 사건에 대해 입도 뻥긋하지 못했다. 며칠이 지난 뒤에야 신문에 자그맣게 소식을 낼 뿐이었다. 신문지를 움켜쥔 박자혜는 피눈물을 흘렸다. 그러면서도 다시 마음을 다졌다.

'앞으로도 제2, 제3의 나석주가 나올 것이다. 그때마다 나 박자혜가 그들의 산파가 돼야 한다.'

그 다짐은 10년 이상 이어졌다. 중국의 남편에게 소식을 전한다는 핑계를 대며 독립운동가들의 연락책이 되는 일을 계속할 수 있었다. 하지만 끝은 있었다. 중국에서 연락이 왔다. 남편의 생명이 위독하다는 소식이었다.

박자혜는 이웃에게 돈을 빌려 가며 겨우 여비를 마련해 남편이 갇힌 감옥으로 달려갔다. 그러나 도착했을 때는 싸늘한 시신만 만날 수 있었다. 눈물을 오래 흘리지는 않았다. 평생 독립을 위해 싸운 남편을 불쌍한 사람으로 만들고 싶지 않았다. 박자혜는 남편의 유골을 안고 돌아오며 혼잣말을 했다.

"당신은 뜻을 못 이루고는 영원히 돌아오지 않는다고 하시더니, 당신의 원통한 고혼은 지금 남의 땅 드넓은 벌판에서 무엇을 부르짖으며 헤매나이까. 가신 영혼이나마 부디 평안히 잠드소서."

겨우 몇 해를 함께하고 헤어져 평생을 그리워하다가 이제 영원히 만날 수 없게 되었다. 몇 년 뒤, 박자혜에게 큰 병이 찾아왔다. 한 가닥 희망이었던 남편을 보내고, 살아가는 이유였던 자식들마저 저세상으로, 외국으로 보내 버렸기 때문이다. 병은 갈수록 깊어졌다. 가뜩이나 먹지 못해 영양이 부족한 상태로 병을 이겨 낼 수 없었다.

박자혜는 홀로 남은 셋방에 누워 마지막 힘을 다해 눈꺼풀이 내려앉지 못하게 안간힘을 썼다. 천장에 남편과 아이들, 지난날들의 모습이 스쳐 지나갔다.

'평생 홀로 외로웠고 지독히도 어려웠습니다. 하지만 아무도 알아주지 못한 일을 꿋꿋이 해냈다고 자부합니다. 당신이, 우리가 한 일들이 후손들의 행복에 도움이 되었으면 좋겠습니다.'

박자혜

남편 신채호의 유해를 안고 돌아온 박자혜

1936년 2월, 뤼순감옥에 갇혀 있는 독립투사 신채호가 생명이 위독하다는 전보를 받고 그의 아내 박자혜가 달려갔다. 얼마 뒤 신채호는 결국 세상을 떠났고, 박자혜는 남편의 유해를 안고 귀국했다.

박자혜(1895~1943)와 조산소
《동아일보》 1928년 12월 12일 자 기사에 실린 사진으로, 박자혜 여사와 그가 운영했던 조산소의 모습이다. 박자혜는 1922년 중국에서 고국으로 돌아온 뒤 '박자혜 산파'라는 조산소를 차려 생계를 이어 나갔다.

박자혜는 1895년 경기도에서 태어났다. 다섯 살을 갓 넘기고 궁궐에 들어가 궁녀 수업을 받았다. 조선이 일본에게 국권을 빼앗긴 뒤 궁녀들을 내보내면서 궁 밖으로 나오게 되었고, 이후 숙명여학교와 조산부 양성소를 나와 간호사가 되었다. 어엿한 전문직인 간호사라는 직업을 걸고 독립운동을 하다 감옥에 다녀온 뒤 중국으로 떠났다.

몇 년이 지나 조선에 돌아온 그녀는 조산소를 차려 어렵게 자식들을 키우는 한편, 일제에 의해 뤼순감옥에 갇힌 남편을 도우며 꿋꿋이 살아갔다. 누구의 아내가 아닌, 한 사람의 독립운동가로서 박자혜는 독립운동의 산파 역할을 하고 있었다. 실제 생활이 어땠는지 들어 보았다.

어렸을 때 궁녀로 궁에 계셨다고 하는데, 궁녀가 되신 이유와 그만두신 이유가 무엇인지요?

조선 시대의 궁녀는 유일한 여성 공무원이었습니다. 평생 결혼할 수 없는 대신 안정된 급여를 받을 수 있는 거의 유일한 여성 직업인이라고 할 수 있습니다. 그래서 자녀는 많은데 먹고살기 힘든 집에서는 딸을 궁녀로 보내기도 했습니다. 저도 그런 경우였는데, 일제의 강제 합병으로 대한 제국이 망하고 순종 황제가 이왕으로 내려앉는 바람에 왕으로서 생활 규모를 줄이게 되자 할 수 없이 궁 밖으로 나오게 되었습니다.

간호사 직업을 버리고 왜 중국으로 가셨나요?

조선 간호사들을 모아 '간우회'라는 단체를 조직한 죄로 감옥에 다녀

온 뒤 일본의 감시가 너무 심해졌습니다. 조국을 위해 뭔가 하고 싶어도 조선에서 할 수 있는 일이 없었습니다. 좀 더 공부하면서 제대로 독립운동을 하기 위해 중국으로 건너갔습니다.

남편 신채호 선생에 대해 말씀해 주세요.
조선 독립운동의 정신적 기둥이었다고 할 수 있습니다. 자주적인 조선의 역사를 기록한 《조선상고사》 등의 역사책을 썼고, 1920년대 의열단 조직의 기초 강령을 만들어 주기도 했지요. 임시 정부 활동도 하면서 여러 독립운동에 힘쓰다 체포되어 중국 뤼순 감옥에서 돌아가셨습니다. 저와 얼마 안 되는 시간을 지냈지만 평생 그분의 뜻을 존경하며 그 발자취를 따라갈 수밖에 없는 동지입니다.

단재 신채호

만주에서 활발하게 활동하셨기 때문에 일본 경찰의 감시가 심하지 않았나요?
남편에게 짐이 되지 않으려고 아이만 데리고 조선으로 돌아왔어요. 경성에 자리를 잡고 먹고살기 위해 조산소를 차렸지요. 하지만 아이를 낳으려고 찾아오는 사람이 드물어서 입에 풀칠하기도 힘들었어요. 제가 힘들게 산다는 내용이 신문에 실릴 정도였으니까요. 제가 먹고살기 바쁘다는 것이 널리 알려져 비밀리에 독립운동을 하고 있다는 사실을 숨길 수 있었습니다.

만주에서 여자들을 가르치는 데도 힘을 쏟으셨다고 들었습니다.
만주에 있을 당시 곳곳을 돌아다니면서 독립운동의 필요성을 알렸습니다. 그리고 여자들이 공부할 수 있는 곳을 만들었지요. 여자들도 배우고 깨우쳐 항일 투쟁에 나설 수 있도록 도운 것이지요. 나라를 되찾는 건 남자들만의 몫이 아니었으니까요.

독립운동의 후방에서 끊임없이 지원하며 평생을 바친 박자혜는 49세의 나이로 셋방에서 세상을 떠났다. 독립운동가의 아내이자 스스로 독립운동가였던 그녀의 희생이 조선을 독립으로 한 발 더 다가가게 만들었다.

- ㅇㅇㅇ 기자

황기환

지식으로 싸워 한국인을 구하다

미군 참전 용사의 뜻밖의 독립운동

'대체 얼마나 죽고 다친 거야?'

유럽의 한복판에서 정신을 차려 보니 최악의 전쟁이 끝나 가고 있었다. 세계 강대국들이 편을 짜 유럽에서 벌인 전쟁이었다. 수많은 나라가 참전했고, 역사상 가장 많은 사람이 죽었다. 제1차 세계 대전에 미국 군인으로 참전했던 황기환은 그래도 얻은 게 있었다.

'나 평안도 사람 황기환, 지옥 같은 전쟁에서 살아남았다. 이제 미국인이다.'

몇 년 전, 미국은 바다 건너의 전쟁에 목숨 걸고 참여하려는 군인이 부족해지자, 참전만 하면 미국 시민권을 주겠다는 발표를 했다. 미국에 건너와 불안한 생활을 하던 아시아인들이 이 소식을 듣고 전쟁에 뛰어들었다. 열여섯 살에 미국으로 건너와 온갖 고생을 하며 공부하던 황기환도 그중 하나였다. 그는 특유의 적응력으로 무사히 전쟁에서 살아남았다.

미국으로 돌아가라는 명령이 내려지자 기쁜 마음으로 짐을 꾸려 놓고 전쟁이 끝난 유럽의 거리를 걷고 있을 때였다.

"일본은 강제로 조선을 합병했습니다. '민족은 모두 스스로 원해서 자신의 운명을 결정해야 한다.'라는 파리 강화 회의 정신에 크게 위배되는 일입니다."

황기환은 '코리아'라는 단어를 오래간만에 듣자 가슴이 뛰었다. 조국에서 수만 리 떨어진 유럽에 와서 조선의 독립을 위해 활동하는 사람들이 있다는 소리를 얼핏 들었다. 이들이 강화 회의에 취재하러 온 기자들과 각국 외교관들을 설득하려고 열변을 토하는 중이었다.

황기환은 그리웠던 동포의 얼굴을 보자 가슴속에서 뜨거운 것이 올라왔다. 사실 황기환은 10여 년 전부터 미국과 멕시코 등의 조선인들을 모아 단체를 만드는 일을 했다. 사람들을 모으고 각각 일을 맡기고, 독립운동 자금을 걷어 전달하는 일은 누구보다 자신 있었다. 그들과 조국을 이야기하던 때가 떠올랐다.

황기환은 며칠동안 독립 단체 사람들을 따라다녔다. 사람들에

섞여 조선이 독립할 수 있도록 도와 달라는 연설을 듣고 있으면 가슴이 미친 듯 쿵쾅거렸다. 숙소로 돌아오는 길이면 쉽게 발길이 떨어지지 않았다.

'봄의 끝자락, 전쟁이 끝나 이곳 사람들은 이제 평화롭고 행복한 날을 누리고 있는데 우리 조선 사람들만 고통에 신음하고 있구나. 미국으로 가야 하는데 자꾸 누군가 내 발목을 잡는 것 같아.'

며칠을 고민해도 발길이 떨어지지 않아 출발을 미루었다. 그러던 어느 날, 연설을 마친 남자가 다가왔다. 유난히 맑은 눈빛을 가진 남자에게 절로 고개가 숙어졌다. 남자가 황기환에게 먼저 말을 걸었다.

"내내 저희를 따라다니신 것을 압니다. 알아보니 뛰어난 능력과 영어 실력을 가지셨더군요."

"별말씀을요. 나라를 되찾겠다고 이렇게 고생하시는데 저는 나라 밖에서 저 살길만 찾았으니 면목이 없습니다."

"전쟁이 끝나고 승리한 연합국 측이 독일을 비롯해 패배한 나라들에 책임을 묻기 위해 회담을 연다는 소식을 듣고 우리는 여기에 모든 힘을 기울이기로 했소. 그런데 여기서 전쟁에 참여했던 조선인을 만날 줄은 몰랐네요."

말을 건 남자는 김규식이라고 했다. 영어에 능숙하고 뛰어난 머리를 지녀 임시 정부의 외무 총장을 맡은 사람이었다. 황기환은 김규식을 비롯해 유럽에서 외교 활동을 펼치러 온 고국 사람들에게 깊은 감동을 받은 터라 한번쯤은 깊은 이야기를 나누고 싶었다. 두 사람은 봄을 맞아 화려해진 파리의 공원을 거닐었다. 꽤 오랜 시간이었는데도 지치지 않고 대화가 계속되었다.

"우리 민족도 일본에 의해 좌우되지 않고 우리의 운명을 스스로 결정해야 한다고 각국에 알리고 동의를 얻어야 한다고 하셨는데, 과연 강대국이 그렇게 해 줄까요?"

"폭력 투쟁과 계몽, 외교, 이 세 가지 방향으로 독립운동이 펼쳐지고 있소. 셋 중 어느 하나도 소홀히 해서는 안 되지요. 특히나 세계 정상들이 모이는 기회가 흔하지 않으니 성공하지 못하더라도 시도는 해 볼 만하다오."

두 사람이 헤어지고 며칠 뒤 김규식이 황기환을 불렀다.

"그대의 학식과 조국 독립에 대한 열망을 보고 놀랐소. 홀로 다른 나라에서 어렵게 살아왔으면서도 어떻게 그 정도의 능력을 갖고 있고, 여전히 고국을 사랑하는지 놀라울 뿐이오."

"별말씀을요."

김규식은 지난번 대화에서 황기환의 날카롭고 지혜로우면서도 따뜻한 면을 보았다. 둘은 금방 친해졌다.

"나는 이제 여기에 외교 활동을 펼칠 임시 정부 산하 파리위원부를 세우고 떠나야 하오. 그대가 서기장을 맡아 주시오."

뜻밖의 제안에 황기환은 놀랐다. 영어는 자신 있지만, 논리적인 말로 유럽인들을 설득할 수 있을지 걱정이 되기도 했다. 제일 나쁜 상황은 일본이 영국, 미국 등과 한편인 연합국으로 참가했고, 그래서 승전국이 되었다는 것이다. 그러니 강대국들에게 일본을 압박해 달라는 요구가 먹혀들기 힘들었다.

'나라가 있고 내가 있다. 내 나라가 확실하게 있고 다른 나라와 어깨를 겨루어야 나도 다른 나라에서 떳떳하게 살 수 있다.'

황기환은 배에 힘을 주고 답했다.

"저는 정식으로 학문을 배우지는 못했습니다. 하지만 살아가며 갖추어야 하는 지혜를 쉬지 않고 갈고닦았지요. 부족한 능력이지만 조국의 독립을 위해 있는 힘을 모두 쏟아부어 보겠습니다."

일단 일을 시작하자 황기환은 지난날 미국에서 죽을힘을 다해 공부한 것이 얼마나 감사한 일인지 새삼 깨달았다. 영어를 자유자재로 쓰는 것은 기본이고, 거짓을 퍼뜨리고 잘못된 논리로 강대국을 설득하는 일본에 맞설 지식과 논리력이 필요했기 때문이다.

얼마 되지 않아 파리 강화 회의는 끝이 났다. 하지만 황기환에게는 이제부터 시작이었다. 여전히 유럽 여러 국가에서 외교를 펼치고 있는 일본과의 진짜 싸움이 시작된 것이다. 거짓 뉴스가 난무하자 화가 난 조선 청년이 달려왔다. 유럽으로 유학을 왔다가 파리위원부의 일을 돕고 있는 조선인 유학생이었다.

"소식 들으셨습니까? 일본은 우리 조국이 독립할 힘도 없고 독립하고 싶어 하지 않는다고 떠들고 다닙니다. 우리가 힘이 약해 일본의 보호를 받고 싶어 한다나요. 나쁜 놈들!"

"그것을 까발리는 것이 우리가 할 일이오. 정확한 사실과 논리로 맞서야 하지요."

김규식 외무 총장이 유럽을 떠나고 황기환을 중심으로 꾸려진 파리위원부 사람들은 일본의 각종 계략과 거짓 선전을 반박하는 활동을 펴느라 눈코 뜰 새 없었다.

가장 신경을 쓴 것은 잡지를 통해 진실을 알리는 일이었다. 《자유한국(La Corée Libre)》이라는 잡지를 프랑스어와 영어로 발간해 유럽의 각 언론 기관과 정부, 저명인사들에게 보냈다. 잡지에는 일본의 주장처럼 조선이 원해서 합병된 것이 절대 아니라는 설명이 담겨 있었다. 잡지를 받은 《뉴욕헤럴드》 기자가 따졌다.

"조선은 힘이 없습니다. 승전국인 일본의 보호를 받아 발전시키는 것이 바람직합니다. 특히나 독립하겠답시고 러시아 공산당과 손을 잡는 짓을 한다면 더욱 독립시켜서는 안 되지요."

"한국독립군이 러시아 공산당의 도움을 받는다는 뉴스는 거짓입니다. 대한민국 임시 정부는 스스로의 힘으로 군대를 조직해 훈련 중이며 대한민국 정부의 군사들만으로 일본과 전투를 벌이고 있습니다."

당시 러시아 공산당은 미국, 영국 등의 공동의 적이었다. 그런데 그 공산당의 도움을 받았다는 소문이 퍼졌다. 미국, 영국이 조선의 독립을 도와주지 못하게 만들려는 일본의 속셈이었다. 황기환은 이 문제에 대해 여태껏 해 오던 대로 대처했다. 일본이 한 번 입을 열 때 백 번을 뛰어다니며 백 번 설명하는 것이었다.

"한국 문제는 한국인들만의 문제가 아니라 세계의 문제입니다. 세계 모든 민족은 스스로의 문제를 스스로 해결해야 한다고 강조하면서 패전국의 식민지에만 그 원칙을 적용하고 있습니다. 승전국 일본의 식민지인 한국 역시 그 원칙을 적용해야 합니다. 한국인은 자유와 자결을 위해 제국주의와 싸우는 중이며, 2000만 한국인의 요구는 절대적 독립입니다. 어떠한 힘으로도 한국인의 기백을 꺾을 수 없습니다."

황기환의 활동에 설득당한 영국의 국회의원과 저명인사 67명이 대한민국을 지지하는 단체를 만들었다는 보고를 들은 일본 정부는 화가 나 펄펄 뛰었다.

머나먼 이국에 떨궈진 한국인을 구출하라

1920년 새해가 밝았다. 잠시도 틈이 없는 것은 지난해와 다르지 않았다. 파리위원부 서기장 황기환은 자꾸 감기는 눈꺼풀을 힘겹게 들어 올렸다.

'우리 독립의 필요성을 이해하기는커녕 조선이 어떤 나라인지도 모르는 사람이 태반이다. 아직 쉴 때가 아니다.'

반쯤 졸며 서류를 뒤적이는데 직원이 뛰어 들어왔다. 손에는 전보가 들려 있었다.

"서기장님, 무르만스크란 곳에서 온 전보입니다. 발신자가 리첸코입니다."

"리첸코가 누구지? 무르만스크, 거기가 어디요?"

황기환은 급히 지도를 뒤적여 보았다. '스크'로 끝난 것을 보아 러시아 쪽이 틀림없었다. 유럽과 아시아에 걸쳐 펼쳐진 드넓은 러

시아에서 도시 하나 찾기란 너무 어려웠다. 우선 전보를 뜯었다.

"우리 임시 정부의 상황을 알려 주시길 바랍니다. 우리들은 무엇을 해야 할지 모르겠습니다. 자유 대한민국 만세, 대한 독립 만세! 만세! 만세!-무르만스크, 리첸코."

정말 밑도 끝도 없는 내용이었다. 러시아에서 독립 만세를 외치는 전보라니……. 직원이 눈이 빨개지도록 지도를 뒤적인 끝에 외쳤다.

"여기입니다. 러시아 북쪽 항구 도시, 무르만스크!"

"러시아 최북단이자 핀란드 바로 옆이군. 이곳에서 대체 무슨 일이지?"

아무도 답을 내지 못했다. 다들 한참을 생각했다. 결국 내린 결론은 하나였다.

"이건 분명 우리에게 보내는 구조 요청이야."

"알아보니 이곳은 지난 제1차 세계 대전 때 전투가 치열하게 벌어진 곳이라고 합니다."

"연해주 등에서 일을 하던 한국 사람이 많지. 아마 연해주에서 무르만스크로 옮겨 왔을 수도 있어. 연해주에서 하던 대로 철도 건설 같은 일을 하는데 전쟁이 터진 거지. 그 사람들이 위기에 처한 게 틀림없어."

독립운동에 뛰어들면서 늘 문제가 생겨났고 그것을 해결하느라 뛰어다녔다. 모든 단서가 다시 문제가 생겼다고 말하고 있었다. 황기환은 급히 무르만스크에 한국인들이 있는지 알아보았다. 아는 사람들을 총동원하여 수소문한 결과, 일본을 피해 러시아 연해주로 이주한 한국 노동자들이 철도를 건설하느라 무르만스크에 왔다는 것을 알아냈다. 수백 명의 한국인 노동자들을 무르만스크에서 영국의 에든버러로 옮기겠다는 소식도 이어졌다.

사정이 더 급해졌다. 한국 노동자들은 나라가 없는 사람들이었다. 어디로 보내질지, 어떻게 처리될지 불안한 상황이었다. 황기환은 이들을 구하기 위해 동원할 수 있는 사람은 모두 동원했다.

'그동안 영국 관리나 기자들과 얼굴을 터놓은 게 얼마나 다행인가…….'

일단 노동자들을 강제로 데려가겠다는 일본의 요청을 따르지 않겠다고 약속을 받았다. 문제는 말로만 한 약속이라 불안했다. 황기환은 자신을 도와줄 사람들을 모았다. 그동안 유럽에 유학 온 한국 유학생들에게 꾸준히 도움을 주고 있었다. 돈도 없이 막연히 서양 학문을 배워 조국에 보탬이 되겠다고 온 유학생들은 공부와 돈벌이를 함께 해야 했지만, 막상 도착해서 보면 일거리를 찾기도 힘들었다. 한번은 심하게 아픈 유학생까지 생겨서 황기환이 이리저리 뛰어다니며 병을 치료하는 것을 도왔다. 그 유학생들까지 모여 위기에 처한 한국 노동자들을 어떻게 구할지 머리를 맞댔다. 황기환이 그동안 얻어 낸 사실을 유학생들에게 알렸다.

"영국이 전쟁의 승전국으로서 무르만스크에 들어가 정리하면서 한국인 노동자들을 찾아냈고, 일본의 요청대로 중국 땅에 강제로 보낼 예정이라고 하오."

"일본에 의해 강제로 보내지면 보나 마나 햇빛 한 점 없는 광산 같은 곳에서 죽을 때까지 일만 하게 될 것입니다. 아니면 전쟁터에 총알받이로 내보내겠지요."

"맞소. 일단 내가 영국으로 넘어가겠소. 담당 관리를 만나 강제 송환 조치를 취소해 달라고 설득해야겠소."

황기환은 서둘렀다. 수만 리 밖에서 떨고 있을 동포들이 자신을 부르는 것 같았다. 유학생들이 물었다.

"저희는 무엇을 할까요?"

"한국인 노동자들이 강제로 송환되지 않고 이곳에 남게 되면 그 다음은 그들이 먹고사는 문제가 기다리고 있소. 그것을 해결해야 하오."

"그럼 그들의 일거리를 찾아보겠습니다. 전쟁 후 새롭게 세워야 하는 건물이나 닦아야 하는 길이 많습니다. 전투 중에 죽은 시신들도 아직 못 치우고 있고요. 그것들이 모두 일입니다. 봉급을 받고 일을 하게 되니 먹고살 걱정은 없는 것이지요."

마음이 급해진 황기환은 파리에서 런던으로 가는 길이 멀게만 느껴졌다. 말도 안 통하는 머나먼 이국땅에서 한국 노동자들이 얼마나 떨고 있을지 상상하니 식은땀이 흘렀다. 런던에 발을 내딛자마자 황기환은 런던 외교 부서로 달려갔다.

영국 관리가 미안해하는 얼굴로 황기환을 맞았다. 표정을 보아하니 노동자들을 일본에 넘기지 않겠다고 한 약속이 틀어졌음을 알 수 있었다.

"우리도 어쩔 수 없었소. 일본은 세계 대전을 함께한 연합군 우방이오. 이미 맺은 외교 조약상 그들의 요구를 들어주어야 했소."

"안 됩니다. 약속을 하셨잖습니까? 일본이 우리 노동자들을 중국으로 끌고 가려는 이유는 뻔합니다. 그곳에서 노동자들이 죽을

80

때까지 쉬지 않고 일을 시킬 것입니다. 짐승만도 못한 대접을 받으면서요."

황기환은 눈물이 터지지 않게 눈을 끔뻑거리면서 꾹꾹 눌러 하고자 하는 말을 내뱉었다. 아직 떠나지 않은 사람들이 있으니 영국 관리와 싸울 수는 없었다.

"아직 출발하지 않은 사람들이라도 일단 출발을 미뤄 주시기 바랍니다. 제가 급히 다녀오겠습니다."

밖으로 나가 그동안 친분을 쌓아 둔 기자들과 한국의 상황에 동조해 준 인권 단체 사람들을 찾아갔다. 노동자들의 상황을 설명하고 백방으로 호소했다. 다들 난감하다며 손을 저었지만 황기환은 포기하지 않았다.

'저들의 바짓가랑이를 붙들고서라도 동포들을 구해야 한다. 다 놓치고 한두 명뿐일지라도. 한국 노동자들의 인간적 권리를 위해서도 필요한 일이지만, 무엇보다 한국인이 일본인의 노예가 아니라는 것을 모두에게 보여 주어야 해.'

몇 날 며칠을 관공서와 유명 인사들의 집을 뛰어다니고 있는데 소식이 전해졌다. 안타깝지만 몇십 명의 사람만 구할 수 있다는 것이다. 그 정도라도 다행이었다. 황기환은 이들을 데리고 파리로 넘어갔다. 노동자 대표가 감격스러운 목소리로 감사의 인사를 전했다.

"전보를 칠 때는 사실 가능하리라고 생각하지 않았습니다. 정말 실낱같은 희망 하나로 시도했었지요. 그런데 이렇게 해내셨군요. 정말 감사합니다."

황기환은 자신이 더 감격스러웠다. 한없이 억울하고 어두운 상황에서도 견디어 준 사람들이 고마웠다. 다시 바쁘게 움직여 프랑스 관리들을 만나고 다녔다. 프랑스 관리들의 말은 한결같았다.

"조선은 지구상에 없는 나라요. 국적이 없는 사람들을 우리 땅에 살게 할 수 없소."

"없는 나라라니요. 조선은 엄연히 한 나라입니다. 강제로 합병을 당했지만 중국 땅에 임시 정부를 세워 한 나라로서 존재하고, 독립하고자 꾸준히 애를 쓰고 있습니다. 우리는 그런 나라의 국민입니다."

일본이 유럽에서 힘을 발휘하는 한, 구출한 사람들을 언제 다시 강제 송환할지 몰라 애가 탔다. 정성이 통했는지 결국 일부지만 구출된 사람들이 프랑스에 살 수 있는 영주권을 얻어 냈고, 이들은 전쟁으로 폐허가 된 도시를 정리하고 치우는 일을 직업으로 삼으며 먹고살 수 있게 되었다.

황기환은 이후 미국 땅에서 조직된 조선 독립 단체가 도와 달라고 요청하자, 그곳에서 다시 독립운동을 펼치러 떠났다. 황기환이 구출한 노동자들은 프랑스에서 사는 한국인 1세대가 되었다. 이들은 3·1 운동 1주년인 1920년 3월 1일 프랑스 소도시 쉬프에 모였다.

"오늘은 우리 국민들이 전국 방방곡곡에서 '대한 독립 만세'를 외친 지 딱 1년이 된 날입니다. 머나먼 땅이지만 우리도 그 정신을 되새겨 봅시다."

"대한 독립 만세! 대한 독립 만세! 대한 독립 만세!"

황기환

대한민국 임시 정부 파리위원부 서기장 황기환을 만나다

황기환 서기장은 한국에 대한 정보를 각국에 알리기 위해 발행한 〈통신전〉에서 "한국인들이 피를 흘리는 것은 한국인들의, 한국인에 의한, 한국인을 위한 절대적인 독립을 얻기 위해서이고, 한국인들은 일본 정부가 한국에 도입하려는 그 무엇도 받아들이지 않을 것이며 독립운동을 포기하지 않을 것이다. 한국과 일본이 화해하는 단 하나의 방법은 한국이 독립하는 것이다."라고 했다.

황기환(출생 연도 미상~1923년)

💬 황기환은 평안도에서 태어나 어린 나이에 미국으로 건너갔다. 갖가지 고생스러운 일을 하면서 간신히 미국에서 자리 잡은 그는 미국 국적을 얻기 위해 제1차 세계 대전에 참전하며 유럽으로 건너갔다. 미국이 전쟁에서 승리하고 미군으로서 미국에 귀국하기 직전 황기환은 유럽에서 대한민국 임시 정부의 김규식 등을 만났다. 이후 조선 독립을 위한 외교 활동에 함께 참여하게 되었다. 그동안 어떤 활동을 했는지 알아보았다.

어린 나이에 미국으로 건너가셨다고 들었습니다. 미국에서의 생활은 어떠셨나요?

을사늑약 전 즈음 십 대의 나이에 미국으로 건너갔습니다. 미국은 전 국토가 한창 개발 중이었죠. 동양인 노동자인 저는 철도를 깔고 도로를 만드는 일밖에 할 게 없었습니다. 험한 일을 해내며 겨우 살아갔지요. 살다 보니 을사늑약과 한일병탄이 연이어 일어나면서 미국에 사는 우리에게도 슬픈 소식이 전해졌습니다. 저는 멕시코와 미국에 퍼져 있는 조선인들을 찾아 단체를 조직하고 독립운동 자금을 모으는 일 등을 했습니다.

일제 강점기에 한국 사람들이 미국이나 유럽으로 건너갔다는 게 쉽지 않은 결단이었을 듯합니다. 그들은 왜 그 먼 곳으로 갔나요?

1890년 후반부터 일자리를 찾아 한국인 노동자들이 외국으로 많이 나갔는데, 특히 미국 하와이의 사탕수수 농장에서 수천 명이 일했습니다. 이들이 다시 미국 본토로 흘러 들어갔지요. 제가 한 것처럼 이들이 조직적으로 돈을 모으거나 외교 활동 등을 통해 일본에 저항하는 활동을 하자 일본은 1905년부터 해외 이주를 막았습니다.

유럽에서 조선 독립을 위해 어떤 활동을 펼쳤나요?
저는 영어 능력과 조선인들을 조직해 본 경험을 살려 파리위원부의 서기장을 맡았습니다. 파리위원부는 상하이 임시 정부가 프랑스 파리에 설치한 외교 부서였습니다. 일본이 가짜 뉴스를 퍼뜨리는 것에 대해 반박하고 우리 조선의 진짜 주장을 알리는 일을 하였지요. 우리는 180여 곳의 언론사에 500개가 넘는 기사를 냈습니다.

그러한 외교 활동을 통해 얻은 성과 중에서 무엇이 가장 의미있다고 생각하십니까?
각국 대표들이 모이는 곳이면 찾아가 우리의 주장을 알렸습니다. 신문과 잡지에도 많은 글을 실었는데, 특히 우리 입장을 동조해 주는 영국과 미국 기자들의 도움이 있었지요. 직접 찾아다니며 알리고 설득한 결과, 영국 국회위원 중 60명이 넘는 수가 조선을 돕는 '한국친우회'에 참여하기도 했습니다. 이렇듯 강대국 주요 인사들의 동조를 얻어 낸 것이 큰 성과라고 할 수 있습니다.

감제 송환 위기에 처한 한국인 노동자들을 구하셨습니다. 그들은 이후 어떻게 살았습니까?

프랑스 관료들의 도움으로 한국인 노동자들은 프랑스에서 직업을 구할 수 있게 되었습니다. 일제의 강제 노동에 동원될 위기를 넘겼으니 다행이라 하겠지요. 그들은 프랑스 사람과 결혼하여 가정을 이루고 그곳에서 뿌리를 내렸습니다. 해마다 일정하게 돈을 모아 상하이 임시 정부에 독립운동 자금을 보내는 일도 계속했습니다.

유럽에서의 외교 활동을 마치고 미국으로 돌아갔다고 들었습니다. 이후 어떻게 지내셨나요?

유럽에서 2년 정도 외교 활동을 했습니다. 이후 1921년 미국 워싱턴에서 태평양 지역 국가들의 문제를 논의하는 회의가 열렸을 때, 저는 이를 돕기 위해 미국으로 돌아갔습니다. 그곳에서 이승만, 서재필 선생의 외교 활동을 도왔습니다.

1923년 심장병으로 사망한 황기환 선생의 묘가 뉴욕 묘지에 덩그러니 놓여 있다. 모든 것을 희생해 가며 나라를 위해 애쓴 독립지사의 묘지는 90년 넘게 아무도 찾지 않는 무연고 묘지이다. 대한민국 정부는 이 묘지의 주인인 황기환 지사의 유해를 현충원으로 옮길 예정이다.

― ○○○ 기자

안희제

장사를 배워 조선을 되찾겠소

독립의 싹을 틔울 때까지

안희제가 4년간 외국을 돌며 무엇을 했는지는 아무도 몰랐다. 조선이 일본에 합병되고 매일 눈물을 뿌리며 뛰어다녔던 기억만 있을 뿐이었다. 안희제는 돌아오자마자 고향 땅으로 가 친척들의 뒷목을 잡게 만들었다.

"논밭 2000두락을 팔겠다고? 너 정신이 나간 게냐?"

"팔아서 노름을 하겠다는 것도 아니고 장사를 해 보겠다는 겁니다."

안희제는 펄럭거리는 성질을 누르고 되도록 차분하게 설명했다. 하지만 친척들은 이 말을 믿지 않았다.

"갓 스물이 넘으면서 네가 해 온 일을 되돌아봐라. 그간 집안 재산을 팔아 세운 학교가 두어 개에 무슨 청년단이다 학우회다 하고 만든

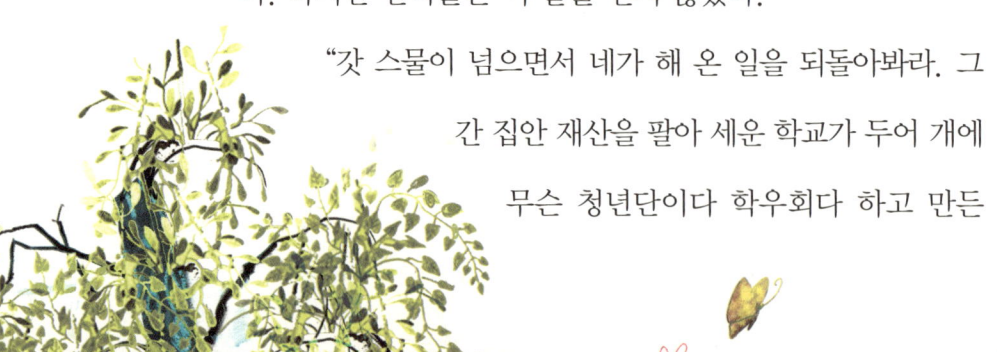

단체가 몇 개냐?"

"그건 나라를 위한 일이었습니다. 대나무 중 최고로 치는 모죽을 보십시오. 아무리 열심히 기다려도 정해진 시간을 채우지 않으면 싹조차 틔우지 않습니다."

"네가 입버릇처럼 하는 말 아니냐. 모죽은 5년이 지나서야 갑자기 싹을 틔우고, 일단 틔우면 그날부터 쑥쑥 자라나 순식간에 사람 키를 넘어선다고. 네 일이 그 5년 중 일부라고."

"실제로 많은 인재를 양성했고 그렇게 배운 학생들이 각 방면에서 나라를 위해 일하고 있습니다. 당장 독립을 이루지는 못했지만 말입니다."

큰 결실이 당장 보이지 않아도 조선 독립이라는 싹을 틔울 때까지 계속하겠다는 말이었다. 집안 어른이 한숨을 내쉬었다.

"맞다. 그렇다 치자. 좋은 일이라는 건 안다만 그렇게 해서 축난 집안 재산이 얼마냐? 구해지지도 않을 나라를 위해 재산만 날리고 거지가 될 판국이다. 그런데 이제 장사를 하겠다고?"

친척 어른들은 훈계를 계속하려다 그만두었다. 안희제는 어릴 때부터 누구보다 똑똑한 아이였다. 경성으로 유학 가겠다는 것을 아무리 말려도 듣지 않더니 결국 가서 몇 년 만에 졸업을 해냈다.

학교에 다니면서도 그 많은 단체를 운영하고 학교를 세워 인재를 키워 냈다. 누가 무슨 수로 안희제의 열정을 말리겠는가.

'장사라고? 저놈이 말은 안 하지만 분명히 나라를 위해 하는 짓이다. 망한 나라를 구하겠다고 쓴 집안 재산이 얼마인데 또 쓰겠다니…….'

결국 안희제는 땅을 팔아 부산에 무역 회사를 차리고 가게를 냈다. 시작은 쌀보리, 해산물, 면포 등을 취급하는 작은 무역 회사였다. 회사 이름은 안희제의 호인 '백산'을 따서 '백산상회'라고 했다. 친척 어른들의 걱정과 달리 백산상회는 번창했다. 조선의 경제를 쥐고 흔드는 일본인들이 경계하기 시작했지만 뾰족한 수가 없었다.

안희제는 재빨리 다른 지역 여기저기에 지점을 열기 시작했다. 주변에서 너무 섣부르다고 말렸지만 들을 사람이 아니었다.

"나, 양정의숙 경제학과 나온 사람이야."

당시 서당이나 조금 다녔지 신학문을 한 사람은 드물었다. 더욱이 경제학을 공부한 사람은 거의 찾기 힘들 정도였으니, 안희제의 경영 능력을 의심하는 사람은 없었다. 배운 것도 배운 것이지만 누구보다 열심히 일했다. 하도 잠을 자지 않아서 직원들이 걱정할

지경이었다.

"제발 들어가 쉬십시오. 이번 달 매출을 넘치게 올렸습니다."

"아니네. 자금이 더 필요해. 돈이 더 필요하다고!"

직원들은 안희제가 이해되지 않았다.

'아니, 집안도 잘살고 장사도 불티나게 되는데 왜 돈, 돈 하지? 돈에 미친 사람 같아.'

안희제는 주변 사람들에게 떠들었다.

"모든 것은 돈이 있고 나서야 할 수 있네. 아무리 뜻이 높아도 돈이 없으면 아무것도 할 수 없어."

착한 밤손님

"쌀은 이 정도로 하고, 면포와 해산물을 이쪽에 더 싣도록 하세. 내가 할 테니 가져와."

"여기 있습니다. 이번에 직접 가시게요?"

안희제 사장의 손이 유난히 꼼꼼했다. 지점으로 보낼 물건을 직접 챙기고 돈도 자기 몸에 묶었다. 커다란 트럭의 조수석에 올라탔다. 차가 흔들릴 때마다 온몸의 뼈가 떨어졌다가 다시 붙는 느낌이었다. 운전사는 왜 고생을 사서 하는지 궁금해 가끔 사장을 힐끗거렸다.

차가 항구에 도착했다. 검문소 앞에서 안희제는 허가서와 사업 등록 문서를 꺼냈다. 일본인 순사가 눈을 희번덕거리며 다가왔다.

"어디로 가는 짐이오?"

"백산상회 물건입니다. 봉천 지점으로 보내는 겁니다."

문서를 한참이나 훑어보고는 안희제의 얼굴로 눈길을 돌렸다. 일본 순사가 위아래로 훑어보며 물었다.

"보아하니 점주인 듯한데 직접 가시오?"

"예. 이번에는 보내는 물건도 많고, 가서 사 올 물건도 꽤 돼서 제가 직접 가기로 했습니다."

안희제가 침 삼키는 소리를 들키지 않으려고 애쓰며 답했다. 물건이 배에 다 실린 뒤에도 순사는 안희제를 놓아주지 않았다. 쌀자루를 두들겨 보기도 하고 해산물 꾸러미에 코를 가져다 대기도 했다. 더 잡고 있을 수 없어 결국 놓아주며 순사가 안희제의 얼굴을 노려보았다. 지켜보고 있다는 뜻이었다.

며칠 뒤 봉천 지점의 깊숙한 방, 그 한구석에 안희제가 불도 켜지 않고 앉아 있었다. 조선 땅보다도 몇 배는 추운 국경선 너머의 땅, 판자로 만든 가겟방에서 군불 하나 없이 누군가를 기다리고 있었다. 비교적 번화한 도시라 밤에도 오가는 사람들의 발자국 소리와 마차 소리가 계속되었다. 한참이나 이어지던 소리가 잦아들고, 드디어 새벽이 왔다.

방문이 스르륵 열리고 그림자 하나가 들어왔다.

"접니다."

백산상회를 세우기 전, 몇 년간 독립군 활동지를 돌아다니며 사람들을 익혀 두었다. 그중 몸이 빨라 연락책 역할을 하는 동지였다. 안희제는 잠시 검은 그림자의 손을 두 손으로 꼭 잡았다. 그러고 몸에 묶어 두었던 돈주머니를 풀어 건네주었다. 돈벌레라는 소리를 들어 가며 미친 듯이 모은 돈이었다.

"다음번에는 좀 더 마련할 수 있을 거라고 전해 주시오. 그리고 식량과 면포를 수레에 실어 두었으니 날이 밝기 전에 가지고 가시오. 여기 매매 증서입니다."

그림자는 돈주머니를 몸에 차고, 바지춤에서 뭔가를 꺼내 안희제에게 건넸다. 국내에서 독립운동을 하는 요원들에게 보내는 연락 문서였다. 안희제는 문서를 받아 들고 그림자의 손을 다시 잡았다. 두 사람은 말없이 손을 두어 번 흔들고는 깊숙이 인사를 했다. 올 때처럼 그림자는 소리 없이 사라졌다.

그림자가 사라지고 안희제는 불을 켰다. 종이를 펴 하나씩 읽고 기억하려 애썼다. 종이째 들고 가다 일제에 걸리기라도 하면 국내외에서 활동 중인 동지들이 모두 죽어 나갈지도 모른다. 모두 외운 뒤 종이를 태웠다. 그리고 바로 일어나 옷을 갈아입었다. 일본인 옷이었다. 기차에 몸을 싣고 경성으로 향했다.

'온 김에 할 일은 하고 가야지.'

경성의 부자들이 모여 사는 곳에 도착해 옷을 고쳐 입었다. 일본인 옷을 입고 갑부의 집에 드나드는 것을 아무도 눈여겨보지 않았다. 안희제는 양정의숙 시절 사귀어 둔 친구들이나 친구의 친구들 중 돈깨나 있는 사람의 집을 돌았다. 독립운동 자금을 선뜻 내놓는 사람은 없었지만, 안희제의 얼굴을 보고 주머니를 푸는 사람들이 있었다. 몇 집을 돌고 다시 기차에 몸을 실었다. 자리에 앉았을 때는 다시 돈을 밝히는 장사꾼의 얼굴을 하고 있었다.

'흡족하진 않지만 다음 거사 때 넘길 물건과 자금을 마련할 종잣돈은 되겠어.'

망하기 위해 세운 회사, 백산상회

"많이 배운 것도 다 소용없구먼. 경제학인지 뭔지 신학문으로 장사를 배웠다면서 어째 학교 근처에도 못 가 본 사람들보다 못하나. 에그, 쯧쯧쯧!"

몇 년 안 가 백산상회는 문을 닫을 지경이 되었다. 분명히 장사는 잘되는 것 같은데 늘 자금이 쪼들렸다. 직원들은 이상하다며 고개를 갸웃거리곤 했다.

"이상허이. 그간 들어온 돈이 하늘로 솟았단 말인가 땅으로 꺼졌단 말인가. 사장님 사는 것이나 입고 먹는 것은 늘 똑같은데 왜 돈은 늘 없냔 말이야."

"물건을 워낙 싸게 팔아넘기는 거 아니야? 거래만 많았지 이득은 전혀 없으면 그럴 만도 하지."

"그런가……. 하긴 장부상 하나도 틀린 것이 없으니 돈이 사라지진 않았겠지."

　사람들은 백산상회의 목적을 모르고 있었다. 사장이 부자가 되거나 회사를 키우기 위해 운영되는 곳이 아니었다. 일제의 눈을 피해 독립운동가들의 연락을 받고 전달하는 장소이자, 돈이 생기는 대로 독립운동 자금을 대는 곳이었다. 안희제는 자신이 가장 믿는 부하 직원에게 말했다.

　"돈이 있어야 무엇이든 하고, 돈이 있어야 무엇이든 가질 수 있다고 했네. 우리가 할 일은 바로 나라를 되찾는 일이네. 백산상회가 만드는 돈은 바로 그런 돈

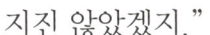

이야."

그렇게 생기는 족족 돈을 빼내어 보내 버리는 통에 회사의 기둥마저 흔들렸다. 회사 문을 거의 닫을 지경이 될 즈음 3·1 운동이 일어났고, 상하이에 대한민국 임시 정부가 세워졌다. 돈이 더욱 많이 필요하게 되었다.

안희제는 고향과 그 주변의 젊은 부자들, 학교를 통해 알게 된 친구들을 찾아다니며 새로운 일을 벌였다.

"최초의 주식회사네. 돈을 내면 낸 만큼 주식을 받는 것이고, 그 주식량에 따라 해마다 회사의 이익을 갈라 나눠 줄 것이네."

회사의 주인을 수십에서 수백 명으로 늘리고, 그들의 돈을 자금으로 끌어들여 회사 몸집을 예전보다 훨씬 키울 작정이었다.

"주식……이란 게 뭔가?"

"여러 사람이 돈을 대어 공동으로 회사의 주인이 되고, 일은 직원들이 하는 회사를 말하네. 회사에서 생긴 이익은 해마다 돈을 대 주식을 가진 사람들에게 나눠 돌아가지."

"아니, 많은 돈을 내고 해마다 찔끔찔끔 이익을 받는다니 누굴 속일 작정인가?"

아직 근대식 경제를 모르는 이들이 놀라 물었다. 안희제는 이들을 따라다니며 끈질기게 설명하고 설득했다. 어느덧 목표했던 주주들이 모였다.

"경남 지역 청년 지주들 26명이 모였습니다. 여러분은 백산상회의 대주주로서 회사의 흥망을 함께할 것입니다."

안희제는 '경주 최 부자' 최준을 사장으로 앉히고, 자신은 이사만 맡았다. 더 중요한 일이 따로 있었기 때문이다. 이를테면 '임시 정부 첩보 36호'를 이끄는 일 말이다.

평소의 안희제를 보자면 말이 안 되는 일이었다. 그는 최고급 양복을 입고 상아로 만든 지팡이를 짚고서 거리로 나섰다. 경쟁하는 일본인 장사꾼들은 눈꼴사납다며 그를 흘겨보았다. 장사 규모에 비해 늘 이득이 제자리처럼 보이는 것이 이상하다며 일본 순사들도 뒤를 쫓았다. 안희제는 그들의 의심에 콧방귀라도 뀌듯이 매일 고급 음식점을 드나들고 부자 친구들과 놀았

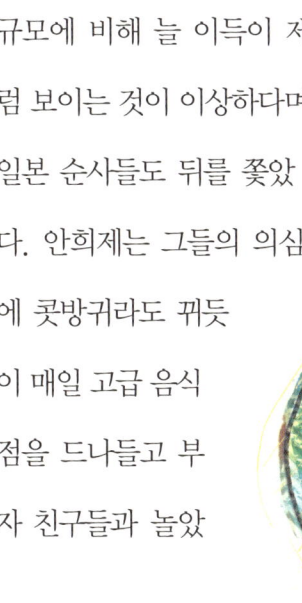

다. 그러다 부자 친구들과 멀리 여행을 떠난 날 밤이면 친구들을 따돌리고 으슥한 여관으로 달려갔다. 이때가 원래의 안희제로 돌아오는 시간이었다. 그는 항상 머무는 36호 방으로 들어갔다. 중국에서 건너온 동지가 기다리고 있었다. 가져간 돈 꾸러미와 장부를 건네고 국내 동지들에게 전달할 사항을 받았다. 안희제가 동지에게 속삭였다.

"장부에 적힌 대로 물건은 길림 지점에 있을 것입니다. 그곳에서 찾아가십시오."

안희제와 생각이 거의 일치하는 친구이자 회사 사장인 최준은 걱정이 되어 충고했다.

"인쇄 공장을 사들여 신문이나 잡지 등이 일제에 휘둘리지 않도록 돈을 쓰는 것에 나도 동의했네. 인재를 키우는 단체를 만들고 나라를 구할 인재를 찾아 세계로 보내 공부를 시키는 데도 따랐지. 내 계산으로 임시 정부를 운영하는 자금은 10 중 6 정도를 우리가 담당하는 것 같네. 하지만 이대로 가다간 밑 빠진 독에 물 붓기일 뿐 아니라 독을 아예 깨부수게 될 걸세."

오랫동안 돈이 빠져나가면서 주식회사도 휘청거렸다. 돈이 어디로 갔는지 대강 눈치를 챈 주주들은 두세 번에 걸쳐 부족한 돈을 메워 주었다. 하지만 한없이 메우기만 할 수는 없는 노릇이었다. 회사를 의심하는 일본 경찰의 방해와 감시도 점점 더 심해졌다. 결국 백산 주식회사는 파산을 선언했다.

회사 문을 닫은 뒤, 잡지를 발간하면서 일제의 감시를 당하게 된 안희제는 그 옛날 발해의 한 도시인 중국 영안현으로 옮겨 갔다. 그곳에서 땅을 사 모으고 농장을 경영하며 300호가 넘는 조선인 가정을 모아 독립군 기지를 세웠다. 어느 날, 안희제에게 공부를 배우던 조선 아이가 물었다.

"왜 그리 열심히 사세요?"

"모죽이 왜 그리 오래 싹을 틔우지 않는지 땅을 파 보았더란다. 그랬더니 뿌리가 보였고 파도 파도 끝이 보이지 않았지. 결국 십 리가 넘게 그 뿌리가 뻗어 있는 것을 보고 고개를 끄덕일 수밖에 없었어. 눈에 보이지 않아도 정성과 노고는 어디 가지 않는 법이란다."

안희제는 조선이 독립하기 2년 전에 죽었다. 그가 죽고 난 뒤, 최준의 손에 임시 정부의 자금 장부가 들어왔다. 임시 정부의 자금 장부는 백산 주식회사에서 빠져나간 돈과 거의 일치했다. 최준은 오랫동안 입을 떼지 못하고 흐느끼기만 했다.

안희제

돈 벌어 남 준 장사꾼 안희제를 만나다

조선 최초의 주식회사 백산상회가 파산했다. 전국과 간도까지 수많은 지점을 두고 무역업을 벌였던 백산상회가 자금 부족으로 파산을 하다니 모두가 이상하다며 입을 모았다. 과연 그 많은 이익금은 다 어디로 갔을까? 이익이 나지 않았다면 그 많은 물건은 다 어디로 사라졌을까?

백산상회
백산상회가 있던 건물의 1970년대 모습이다. 안희제는 1914년 무렵 독립운동 자금을 조달하기 위해 부산에 백산상회를 설립했다.

💬 경상남도 의령의 부유한 집에서 태어난 안희제는 21세에 보성학교를 다니다 양정의숙 경제과로 옮겨 학업을 마쳤다. 학교에 다니면서도 나라를 위해 노력했는데 구명학교, 의신학교, 창남학교 등을 열어 조선 학생들을 교육했다. 한일병탄 이후 일본을 피해 만주를 돌아다니며 독립운동가들을 만났고, 귀국하고는 백산상회라는 최초의 근대적 무역 회사이자 주식회사를 설립했다. 회사를 경영해 번 돈이 상당했음에도 결국 파산해 회사 문을 닫았다. 안희제의 속사정에 대해 알아보았다.

한일병탄 전에도 후에도 끊임없이 뭔가를 도모했다고 하던데 무슨 일을 하셨나요?

이미 말씀하셨듯 근대 학교를 세웠습니다. 일제에 맞서 싸우기 위해서는 인재를 키우는 것이 급선무라고 생각했거든요. 그래서 조선의 아이들이 서당에서 한학을 공부하는 대신, 근대 학문을 배울 수 있도록 앞장섰습니다. 이외에도 여러 뜻있는 사람들과 '대동청년단'을 조직해 조선의 힘을 키우기 위해 싸웠고요. 잡지나 신문 등을 발간하는 언론사를 세워 조선 사람들의 계몽을 위해 힘썼습니다.

백산상회의 사업이 무역업 외에 따로 있었다고 하는데 무엇인가요?

한일병탄 이후 조선의 일부 상회나 회사 등은 장사 외에도 독립운동가들의 소식을 전하고 자금을 대는가 하면, 국내외로 오가는 홍보물이나 독립운동가 명단을 숨겨 주고, 독립운동가들이 국내에 들어오면 숨겨 주는 일을 하곤 했습니다. 제가 세운 백산상회도 그런 일을 했었죠. 저는 회사를 설립할 때부터 독립운동 자금 대는 것을 목표로 했습니다. 돈이 있어야 무엇이든 할 수 있다고 믿었기 때문이지요. 망하기 위해 세운 회사라고나 할까요?

백산상회가 독립운동 자금을 댔다고 하셨는데 일제의 눈을 어떻게 피할 수 있었죠?
개인 회사에서 시작해 주식회사로 발전시키면서 조선 땅을 비롯해 만주 지역까지 지점을 냈습니다. 각 지점을 통해 물건과 돈을 옮기며 일을 하러 다니는 것으로 속일 수 있었어요. 그리고 장부 기록에서만 돈을 제대로 맞춰 놓으면 자금이 빠져나가는 것을 감출 수 있었고요.

백산 주식회사를 세운 뒤 다른 사람을 사장으로 내세웠습니다. 직접 나서지 않은 이유는 무엇인가요?
주된 목적이 독립운동이었기 때문에 사장이 되어 장사만 할 수 없었습니다. 국내외로 오가며 자금을 옮기고, 정보를 주고받으려면 제가 직접 해야 하니까요. 그리고 언제 일제의 눈에 띄어 붙잡혀 갈지 모르는데, 그런 제가 사장을 맡을 수는 없었지요. 실제로 회사 문을 닫기 전까지 저는 꼬리를 밟혀 수시로 붙잡혀 들어갔습니다.

백산상회는 결국 문을 닫았습니다. 그러고 만주로 건너갔다고 들었는데 무슨 일을 하셨나요?
저는 옛 발해의 수도인 동경성 근처로 건너갔습니다. 그곳 광산 부자가 광산을 팔 때 중개하고 꽤 큰돈을 벌어서, 그 돈으로 땅을 구입해 큰 농장을 만들었습니다. 당시 해마다 일본을 피해 만주로 건너온 조선 사람들이 늘었는데, 그들은 다른 나라 사람이란 이유로 정당한 대가도 받지 못하고 죽도록 일만 해야 하는 경우가 많았지요. 저는 그들을 받아들여 농장을 경영했고, 제가 세운 학교에 그들의 아이들이 다니게 해서 나라를 위한 인재로 키웠습니다.

안희제(1885~1943)

1942년 잠시 고향 의령을 방문한 안희제가 체포되었다. 오랫동안 미행하던 일본 형사에게 쫓기다 결국 꼬리를 밟히고 체포되어 혹독한 고문을 받았다. 안타깝게도 고문의 후유증으로 59세의 나이에 세상을 떴다. 안희제 선생은 백산상회를 운영하면서 독립운동에 자금을 댔다. 어떤 이는 임시 정부의 자금 60퍼센트를 댔다고도 한다. 늘 돈이 있어야 나라를 되찾을 수 있다고 한 자신의 말을 행동으로 옮긴 셈이다.

— ○○○ 기자

김필순

나라를 구하는 특별한 기술, 의술

조선 최초로 서양 의술을 배우다

경성 한복판에서 이렇게 큰 총소리가 들린 것은 처음이었다. 12, 13년 전 청나라와 일본이 전쟁할 때나 2년 전 러시아와 일본이 전쟁할 때도 지방 어느 곳이었지 경성 시내와는 상관없었다. 사람들은 어찌나 놀랐는지 집 안에 틀어박혔다. 때는 1907년 8월, 찌는 듯한 더위에도 손톱만 한 틈도 없이 모든 문을 꼭꼭 걸어 잠그고 들어앉았으니 말 다 했다.

그 시각 제중원 병원은 넘쳐 나는 환자들로 의사, 간호부 할 것 없이 바빴다.

"총상 환자입니다. 다리를 절단해야 할 것 같아요!"

"여기도 총상 환자입니다. 이분은 가슴이……."

일본이 조선과 새로 조약을 맺으며 조선 군대 해산을 명령했다. 한 나라가 가진 권리란 권리는 다 뺏긴 판국에 군대까지 내놓으라는 것이다. 때려서 막으려니 그 팔까지 잘린 셈이다. 조선의 군인들은 명령을 듣고 펄펄 뛰며 눈물을 흘리다가 대대장 박승환이 스스로 목숨을 끊었다는 소식을 듣자 반납해야 하는 총칼을 들고 거리로 나왔다.

"시내 한가운데서 조선 군인과 일본 군인의 총격전이 벌어졌대. 당연히 힘없는 조선 군인들이 당했고."

"지금 남대문 앞은 온통 피바다야. 지옥이 따로 없다고."

제중원 환자들이 소식을 듣고 수군댔다. 그리고 총상 환자들이 물밀 듯 밀려들어 온 것이다. 그런 줄도 모르고 김필순은 제중원 최고 의사이자 외국인 의사인 에비슨을 찾았다.

"닥터 에비슨, 약물학 번역을 마쳤습니다. 여기……."

에비슨은 너무 바빠 김필순을 쳐다보지도 않았다. 제중원 산하 의학교의 학생이자 자신의 조수인 김필순을 며칠 동안 기다린 것도 까맣게 잊었다. 김필순은 어리둥절한 채 에비슨 곁에서 서성이다가 치료받는 총상 환자들을 보며 모든 피가 다 빠져나가는 것을 느꼈다. 너무 많은 조선 군인이 다치고 죽었다. 보다 못한 김필순은 아직 의술을 배우는 중인데도 치료를 돕기 위해 뛰어들었다. 의사들이 소리쳤다.

"약이 터무니없이 부족합니다."

"마취 없이 해야겠어요. 어쩔 수 없어요."

병원 안에 환자들의 비명이 이어졌다. 밖에선 다른 사람이 뛰어 들어와 외쳤다.

"거리 곳곳에 총을 맞아 쓰러진 사람이 많아요. 빨리 치료하지 않으면 죽을 겁니다!"

김필순은 자신의 집에서 수레를 끌고 나왔다. 마침 집에 손님으

로 와 있던 도산 안창호도 따라나섰다. 의형제 같은 사이라 서울에 오면 김필순의 집에 머물렀는데, 상황이 이렇고 보니 발 벗고 나서게 되었다.

"이번에 나른 환자까지 합치면 서른 명이 넘네. 병원에 침상이 부족할 듯싶은데……."

"일단 눈에 띄는 대로 나르고 보죠. 이미 치료를 마친 사람이 있으면 바닥에라도 자리를 마련해 주고 당장 치료가 급한 환자를 눕

혀야지요. 어머니와 여동생도 뭐든 도우려고 병원으로 갔으니 그 일을 도와줄 겁니다."

안창호의 걱정에 김필순이 해결책을 주었다. 안창호와 김필순은 며칠을 집에 가지 않고 치료를 도왔다. 그러나 치명상을 입지 않은 환자 중에서도 의사의 충분한 치료를 받지 못해 죽어 나가는 사람들이 있었다. 의사들이 너무 부족했기 때문이다.

일주일 넘게 치료를 돕고 있는 김필순에게 에비슨이 말했다.

"미스터 김, 이제 돌아가서 쉬게. 충분히 했어. 번역해 온 약물학은 완벽하네. 다음 번역 이야기는 조금 여유가 생기면 하도록 하세나."

에비슨의 말을 듣는 김필순의 눈빛은 전혀 피곤해 보이지 않았다. 오히려 독기로 번득였다.

"번역이든 통역이든 더 맡겨 주십시오. 하면 할수록 더 공부가 될 테니 말입니다."

김필순은 의학교의 1회 학생이 되고도 번역 일을 한다는 핑계로 목숨 걸고 의술 공부에 매달리진 않았다. 하지만 피 흘리는 조선 군인들을 치료하면서 생각이 바뀌었다. 어쨌든 의술이 있어야 덜 억울하겠다는 확신이 들었다.

그 뒤 더 열심히 의술 공부에 매달렸고, 다음 해 마침내 졸업을 했다. 1회 졸업생이자 최초의 면허 의사는 김필순을 포함해 7명이었다. 졸업한 날 에비슨은 감격에 겨워 학생들을 하나하나 안아 주었다.

"자네들을 의사로서 환영하네. 앞으로 조선 사람들의 건강과 생명을 위해 최선을 다해 주게. 다들 어려운 공부를 해내어서 정말 고맙네."

김필순은 박서양 등과 함께 조선 최초로 서양 의술을 배운 의사가 되었고, 제중원에서 환자를 치료하는 일과 학생을 가르치는 일을 동시에 했다. '세브란스'로 이름이 바뀐 제중원 병원 바로 앞에 큰 상회를 차려 형과 같이 운영하고 있었고, 황해도에서 모든 가족을 불러와 살고 있었기 때문에 따로 병원을 낼 필요가 없었다.

낮에는 청진기, 밤에는 첩보 문서

"아니, 선생님 또 어딜 그렇게 바삐 뛰어가십니까?"

의사 가운을 벗다 말고 병원 밖을 향해 뛰어가는 김필순의 모습을 보고 경비원이 달려와 물었다. 김필순은 정신이 팔려 어떤 모습인지 살펴보지도 못했던 차였다. 의학 교수로서, 의사로서 바쁜 하루를 보냈지만 퇴근 후에는 또 기다리는 일이 있었다.

김필순은 집으로 가서 쉬어야 하건만 지친 다리를 이끌고 형과 함께 세운 김형제상회로 향했다. 장사를 도맡아 하는 지배인이 기다렸다는 듯 퇴근했다. 늘 있는 일이라 무심히 인사만 꾸벅하고 걸어 나갔다.

보란 듯이 걸어 놓은 벽걸이 시계가 가게를 흔들 만큼 큰 소리를 냈다. 김필순은 침을 꼴깍 삼키며 문밖을 살피다 누군가를 보고 벌떡 일어났다. 가게 뒷문 쪽에서 물건 옮기는 일을 하는 점원들 눈치를 보며 큰 소리로 말했다.

"여기 손님이 오셨는데 다들 바쁜가 보군. 내가 맞이하도록 하지. 뭘 드릴까요?"

"쌀 두 가마, 보리 네 가마를 이 주소로 보내 주시오."

암호였다. 김필순은 얼른 건네주는 명함을 받았다. 손님이 주고 간 명함 뒤에 종이가 끼워져 있었다. 김필순은 손님에게 한껏 웃어 보이며 감사 인사를 꾸뻑 올렸다.

"예, 늘 이용해 주셔서 감사합니다. 다음에 또 들러 주세요."

손님은 가게 밖을 나서며 이쪽저쪽을 둘러보고는 모자를 고쳐 쓰며 옆 골목으로 사라졌다. 그가 사라진 것을 확인한 김필순은 쪽지를 소맷자락에 숨기고 가게 문을 닫아걸었다. 장사를 끝냈다는 표지판을 내걸며 역시 주위를 살펴보았다. 다들 바쁘게 오가는 사람들밖에 없었다.

김필순은 건물 2층으로 올라갔다. 2층의 구석, 깊숙한 다락방으로 가 조심스럽게 문을 두드리고는 열었다. 다락방은 신민회 동지들이 모이는 장소이자 여러 지역의 동지들이 경성에 드나들 때 머무는 곳이었다. 며칠 전부터 머물고 있던 손님에게 김필순이 쪽지를 건네며 속삭였다.

"이게 왔습니다. 어떻게 처리할까요?"

"음……. 지금 상황이 좋지 않은 건 분명하네. 내 편지를 쓸 테니 자네가 수고해 주게."

숨어 있던 동지는 의형제 안창호였다. 안창호는 김형제상회의 위층에 숨어 지내며 국내에서 벌어지는 독립운동을 지휘하고 있었다. 비밀 편지를 받아 든 김필순은 자신의 안방에서 양복을 조선 옷으로 갈아입은 뒤 밖으로 나왔다. 검은 조선 옷은 어두운 밤거리로 소리 없이 숨어들기에 안성맞춤이었다.

얼마 뒤 결국 일본은 조선을 강제로 일본의 일부로 만들었다. 국권을 빼앗기자 조선의 사정은 더 나빠졌다. 나라의 중요한 근간은 모두 일본에 뺏겼고, 조선 백성들은 멀쩡한 독립국 국민에서 식민지 백성으로 전락해 억울한 생활을 해 나가야 했다.

겉으로 보기에 김필순은 여전한 듯했다. 몇 안 되는 조선인 의사이자 최고의 명망 있는 의사로, 세브란스의 과장으로 일하느라 바빴으니 당연했다. 그런데 어느 깊어 가는 밤, 일이 남아 진료

기록을 들여다보고 있는데 사무실 문 두드리는 소리가 났다.

"들어오시오."

문이 열리고 일본인 형사 하나가 뒤를 살피며 걸어 들어왔다. 얼마 전 거의 죽는다고 손을 놓았던 맹장염 환자였는데, 김필순이 매달려 살려 놓았던 사람이다. 형사의 얼굴이 빳빳하게 굳어 있었다. 형사는 일어서며 맞이하는 김필순의 손을 잡고 다시 앉혔다.

"내일 제가 선생님을 체포하려고 올 겁니다. 방금 명령이 떨어졌어요. 빨리 몸을 피하셔야 합니다."

김필순은 체포된다면 어디까지 감추고 어디까지 실토해야 할지 생각했다.

'죄목이 뭘까? 어디까지 들켰지? 이완용을 처단하려고 시도했을 때 도운 일? 데라우치 조선 총독 살해를 도운 일? 아니면 단순히 모임 장소 제공자로만 아는 건 아닐까?'

김필순은 떨리는 목소리를 지그시 누르고 물었다.

"죄목이 뭡니까?"

"신민회 일원이라고 파악되었습니다. 김형제상회에서 신민회 모임이 있었던 것도요."

형사는 은혜를 아는 사람이었다. 꼭 붙잡아야 하는 불순분자지만 은인이기에 구해 주고 싶어 수사를 핑계 대고 병원으로 숨어든 참이었다. 김필순은 감사 인사 대신 형사의 손을 꼭 잡았다 놓았다. 그리고 그날 밤 바로 짐을 쌌다. 부인에게 상황을 설명하고 싶었지만 사실을 알면 오히려 해가 될지 몰랐다.

'잡히면 나만 다치는 게 아니다. 혹여 갖은 고문으로 사실을 실토하게 되면, 그 사실을 부풀려 있지도 않은 일을 만들어 다른 동지들을 엮을 것이다. 일단 지금 몸을 피하고 나중에 소식을 전해야겠다.'

김필순은 아내에게 거짓 편지를 남겼다. 신의주에 위독한 임신부가 있어 그곳에 다녀오겠다는 내용이었다. 그 편지를 일본 형사에게 보여 주면 가족은 모르는 일이 될 것이다. 마음을 단단히 먹고 평소 생각해 둔 대로 이동할 길을 머릿속에 떠올려 보았다. 김필순은 미리 계획해 둔 길을 따라 발을 옮겼다. 요동치는 세상에 뛰어들자니 한없이 속이 울렁거렸다.

'각오는 했지만 생각보다 더 헛헛하고 스산하구나.'

꿈꾸던 마을의 꿈꾸던 병원

의사라는 직업 덕분에 어디를 가든 환영받았다. 하지만 말도 낯선 중국 땅에서 받는 대우란 조선 땅과 사뭇 달랐다. 김필순은 중국 본토에 머물다가 여기저기 떠돈 끝에 간도로 건너갔다. 이미 이주해 와 있던 독립운동가 이회영을 만나 그 주변에서 독립군들을 치료했다. 만주에서 활약하고 있는 독립운동가들은 늘 당부를 잊지 않았다.

"중국 땅에 풀어놓은 수천 명의 일제 밀정들이 보이는 족족 조선 독립군을 잡아내고 있소. 선생도 그들의 손에 당하지 않으려면 아무도 믿지 말고, 언제든 뜰 준비를 해야 하오."

처음엔 이 말을 듣고도 믿지 않았지만 밀정에 쫓기고 쫓겨 러시아 근처 치치하얼까지 가서야 무슨 뜻인지 깨달았다. 치치하얼에 자리를 잡기로 한 김필순은 진료소를 중심으로 드넓은 땅을 사들였다. 평소에 그렇게 외치던 조선인들만의 평화로운 마을을 만들기 위해서다. 김필순은 만주 땅을 떠도는 조선인 30여 가족들을 받아들이고 그들에게 땅을 나누어 농사를 짓도록 했다.

"여기 러시아산 농기구입니다. 이 넓은 땅에 이 정도 기구는 있어야지요."

"아이들은 반드시 학교에 보내야 합니다. 배우는 것이 곧 힘입니다."

일본에서 공부하던 여동생에게 편지를 띄워 자신의 가족들을 모두 데리고 오도록 하고, 여동생에게 교육을 맡겼다. 병원을 차리고 북쪽의 제중원이란 뜻으로 '북제 진료소'라는 이름을 붙였다. 농장은 주민들이 먹고살기 위해 운영되었지만, 김필순은 따로 필요한 돈이 있어 쉬지 않고 진료를 해야 했다.

'돈이 되는 일은 다 해야 해. 독립군 부대를 치료할 때는 직접 도움이 되었지만 이제 도울 길이 따로 없어. 독립운동 자금을 대는 것으로 대신할 수밖에.'

김필순은 잠을 줄여 가며 찾아오는 환자들을 돌보았다. 환자가 뜸해지면 러시아군 막사로, 의사가 거의 없는 몽골 마을로, 때로는 중국 마을이나 중국군 막사로도 달려갔다. 어디에나 의사를 기다리고 있는 환자가 너무 많았다.

'병원을 찾는 환자들을 치료할 붙박이 의사가 어서 구해져야 할 텐데 큰일이군.'

김필순은 이런 생각을 하며 중국군 막사에서 진료를 마치고 막 병원에 도착했다. 간호부가 잔소리를 했다.

"선생님, 몸이 열이라도 부족하겠어요. 좀 쉬셔야 해요."

"나는 쌩쌩하네. 요즘 들어 일제가 바짝 다가왔다는 느낌이 들어. 본격적으로 방해받기 전에 하려던 일을 해야지."

"아휴, 어쩔 수 없네요. 입원실에 가 보세요. 누가 선생님을 찾아와서 일단 거기 머물게 했어요. 나중에 알려 드리려고 했는데……."

김필순은 간호부 말이 끝나기도 전에 입원실로 달려갔다.

"아니, 자네!"

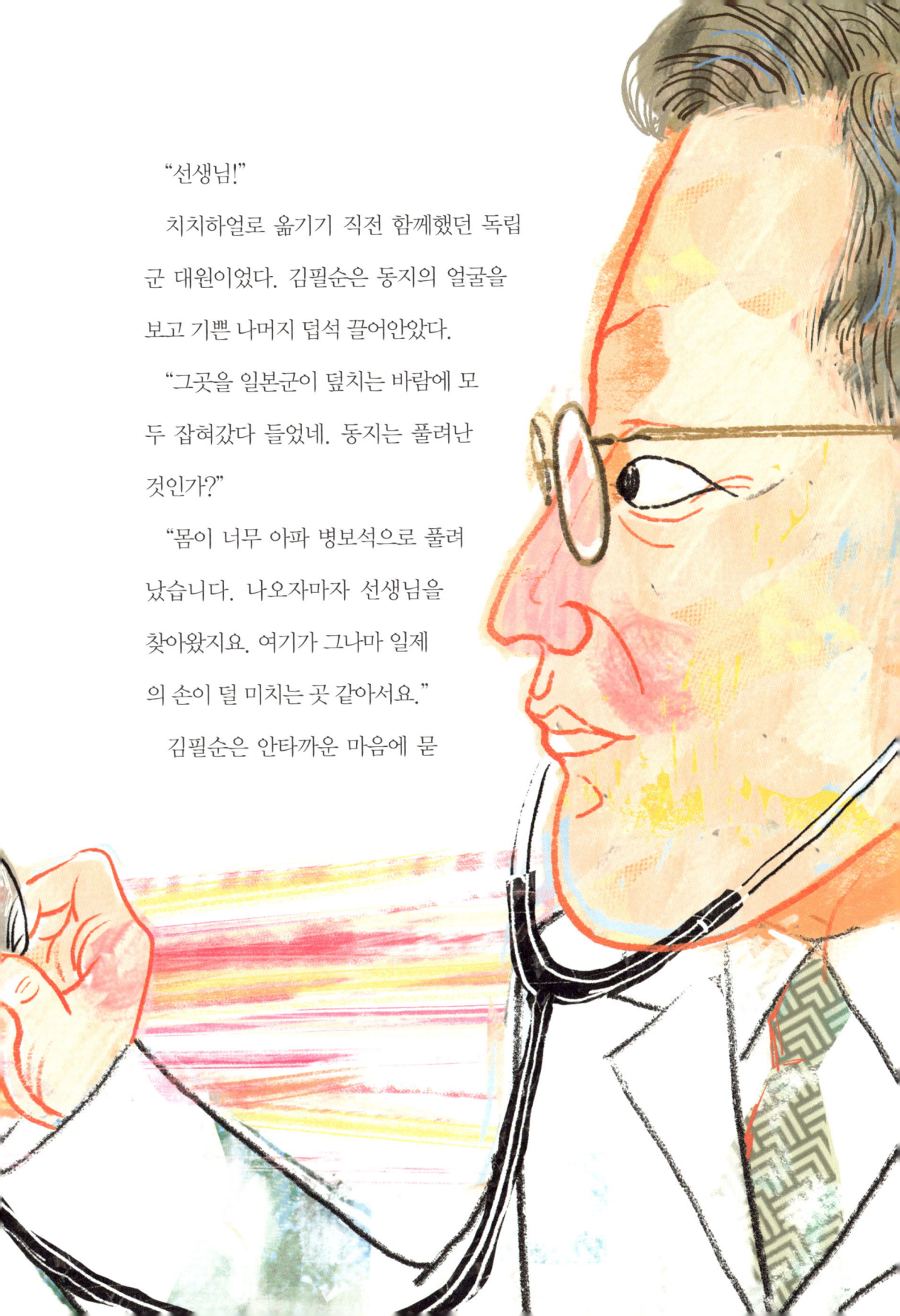

"선생님!"

치치하얼로 옮기기 직전 함께했던 독립군 대원이었다. 김필순은 동지의 얼굴을 보고 기쁜 나머지 덥석 끌어안았다.

"그곳을 일본군이 덮치는 바람에 모두 잡혀갔다 들었네. 동지는 풀려난 것인가?"

"몸이 너무 아파 병보석으로 풀려났습니다. 나오자마자 선생님을 찾아왔지요. 여기가 그나마 일제의 손이 덜 미치는 곳 같아서요."

김필순은 안타까운 마음에 묻

지도 않고 동지의 웃옷을 들추며 진료를 하자고 나섰다. 동지도 순순히 진료 침상에 누우며 몸을 맡겼다. 진료를 마치고 돌아서는데 누가 진료소 안으로 들어왔다.

"누구?"

"의사를 모집한다는 소식을 듣고 왔습니다."

"말투가 일본인 같은데?"

"맞습니다. 이곳 아가씨와 결혼해서 여기에 자리를 잡아야 하는데 마침 자리가 나서……."

일본인이긴 했지만 환자 진료를 맡기는 데 무슨 상관인가 싶었다.

"바로 근무할 수 있습니까? 저는 마을 일을 보러 나가야 해서."

"그냥 근무하라고요? 그래도 될까요?"

"일은 간호부에게 설명을 들으시고 빨리 병원 약품이나 기구들을 익히시오. 믿고 나가 보겠소."

김필순은 새 의사를 남기고 마을로 달려갔다. 뜨거운 날씨가 수그러들기 시작해 선선한 바람이 느껴졌다. 들판에 누런 곡식들이 바람을 따라 흔들렸다. 조선인 농부들이 들판에서 일하다 김필순을 발견하고 손을 흔들었다. 김필순은 그들을 보고 활짝 웃으며 다가갔다. 농장 일도 의논하고 건강도 살펴 주어야 했다.

김필순이 며칠 밤을 새우다시피 하고 병원으로 돌아왔다. 간호부가 커다란 컵 하나를 건넸다.

"소젖이에요. 귀한 것을 얻었으니 다행이지 뭡니다. 얼른 마시고 한숨 푹 주무세요."

김필순은 자신을 챙기는 마음이 고마워 얼른 받아 마셨다. 대신 쉬라는 부탁은 듣지 않고 다시 왕진을 하러 가기 위해 가방을 챙겼다.

"쉬셔야 한다니까요. 왕진은 새로 오신 분을 보내세요!"

간호부가 쫓아 나오며 뒤통수에 대고 소리쳤다. 하지만 김필순은 벌써 말 위에 올라타고 손만 번쩍 들어 돌아가라는 시늉을 했다. 말을 타고 사방을 누비는지라 이불만큼이나 편한 곳이 말 위였다. 그런데 오늘은 어쩐지 불편하기 그지없었다. 배가 살살 아파 오고 토할 것 같은 느낌이 들었다.

'멀미도 아니고 이게 무슨 증세지?'

김필순은 자신의 배를 누르며 진단을 해 보았다. 아무래도 뭔가를 잘못 먹었다. 뭘 먹었나 차근히 생각해 보려는데 자꾸 힘이 빠져나갔다. 더는 버틸 힘이 없어 말고삐를 놓치고는 그대로 고꾸라

져서 땅바닥에 널브러졌다.

'아, 그 우유…….'

간호부가 했던 말 중에 대충 듣고 놓친 게 있었다.

"새로 오신 의사 선생님이 간신히 구해 오셨어요."

눈이 자꾸 감겼다.

'내가 놈들을 과소평가했어. 여기까지 쫓아올 줄이야. 감옥에서 막 풀려난 사람과 일본인 의사가 동시에 왔다는 사실을 따져 봤어야 했는데…….'

돌봐야 할 환자들, 조선인 군인들, 마을 농민들이 차례로 떠올랐다가 사라졌다. 열심히 달려왔던 시간들, 안타까운 조국 현실이 모두 스쳐 지나갔다.

김필순

만주 땅에서 활약하던 의사 김필순, 원인 모를 병으로 숨을 거두다

우당 이회영 선생 곁에서 조선 독립군을 치료하면서 따로 병원을 운영해 독립운동 자금을 댄 이가 있었으니, 바로 우리나라 최초의 서양의 의사 김필순이다. 세브란스 과장과 의학대 교수직을 던지고 만주로 건너간 김필순은 중국과 몽골, 러시아 접경 지역인 치치하얼에 자신의 오랜 꿈이었던 마을과 농장을 세우고 경영하던 중 의문의 병으로 숨을 거두고 말았다.

김필순(1878~1919)

💬 김필순은 1878년 황해도 장연의 소래마을에서 태어났다. 이 마을의 대지주 집안에서 태어났지만 아버지가 일찍 돌아가시는 바람에 배다른 형의 보살핌을 받아야 했다. 소래마을을 방문한 미국 선교사 언더우드를 따라 서울로 올라가 그의 집에서 먹고 자면서 배재학당에 다녔다. 세브란스 의과대학의 첫 입학생이 되어 본격적으로 의술을 공부했고, 우리나라 최초의 의과대학 졸업생 7명 중 1명이 되었다.

김필순은 졸업 후 의과대학에서 교수 일을 하면서 독립 단체 신민회를 은밀히 도왔고, 일제를 피해 북쪽 간도로 넘어갔다. 그곳에서 독립군을 치료하는 일을 하다 그를 체포하려는 일제의 압박을 느끼고 중국과 러시아 국경선인 헤이룽장 근처로 가 병원을 차렸다. 국경을 넘어오는 독립군을 돕고, 의료 활동으로 돈을 벌어 독립운동 자금에 보태는 등 여러 활동을 하고 있는 김필순을 만나 보았다.

의대 입학 전부터 에비슨 박사를 도와 번역을 하셨지요. 어떤 계기로 영어를 잘하게 되었나요?

저희 집안이 기독교를 믿었습니다. 어릴 때 미국에서 온 선교사 언더우드 등이 집에 자주 드나들었죠. 그때 영어를 자연스럽게 접했어요. 이후 열일곱 살 때 언더우드가 추천해서 서울로 와 언더우드의 집에서 먹고 자면서, 외국어 학교인 배재학당에 들어가 영어를 배웠습니다. 그러니 영어를 잘할 수밖에 없었지요.

김형제상회에 대해 자세히 말씀해 주세요.

김형제상회는 저의 큰형님 김윤오와 함께 세운 회사입니다. 이 상회는 오늘날의 회사보다는 작고, 가게보다는 큰 규모인데 이 건물의 위층에서 저희 형제는 독립 단체의 모임을 마련하고, 독립운동가들의 연락을 도왔습니다. 같은 이름의 회사가 하와이에 세워져 그 주인 형제가 큰 부자가 되었던데, 저희는 그 정도로 본격적인 회사는 아니었습니다. 지배인에게 경영을 맡기고 저희는 신민회 활동 등에 더 집중했으니까요.

중국으로 망명을 가셨는데 조선 근처가 아니라 북쪽 끝 러시아 근처까지 가셨어요. 왜 그렇게 멀리 가시게 되었나요?
처음에는 조선과 중국 국경선 근처인 간도로 갔습니다. 중국에 신해혁명이 일어나면서 그 혁명 중 다친 환자들이 많았지요. 당시 중국도 일본에 맞서는 상황이라 그들을 치료해 주며 중국과 손잡고 항일 운동을 하려 했습니다. 그러다 우리 독립군 부대에도 합류하게 되었고, 다친 독립군 동료들을 치료해 주었지요. 하지만 가는 곳마다 일본 밀정이 쫓아와 제대로 일을 할 수 없었어요. 결국 그들의 힘이 미치지 않는 헤이룽장성의 치치하얼까지 가게 되었습니다.

아드님과 따님도 고생을 많이 했다고 들었습니다. 병원을 운영하면서도 여러 일을 하셨다고 들었는데 모은 돈이 없으셨나요?
원래 내가 먹고 쓰려고 돈을 번 게 아니었습니다. 가능한 한 많은 돈을 벌어 독립운동 자금을 대려고 했던 것이지요. 특히 제가 세운 마을에 독립군을 키우고 있었는데 거기에도 돈이 많이 들어갔습니다. 마을을 세울 때는 고국 땅에서 가족을 불러오고 가족의 재산을 가져와 썼습니다. 저희 어머니는 맨손으로 벽돌을 쌓을 정도로 고생하셨지요.

일제 치하에서는 일본의 감시를 피해 국경선 밖에서 독립운동을 할 수밖에 없었다고 들었습니다. 독립 군인으로 직접 싸운 분들 외에도 어떤 분들이 어떤 형식으로 독립운동을 펼쳤는지 들려주시겠어요?
당시 조선의 국경선 밖 만주 지역에는 조선의 독립운동가들이 여러 단체를 만들고, 여러 가지 활동을 했습니다. 신흥무관학교 같은 학교를 세워 조선의 인재를 가르친 사람도 있고, 독립군 군대를 조직해 군사 훈련을 하는 사람도 있었습니다. 또 신문이나 책을 만드는 사람이 있었는가 하면 조선 독립을 위해 미국이나 독일 같은 나라와 외교 활동을 펼친 사람들도 있었습니다. 저처럼 의료 활동을 펼친 사람도 물론 있었고요.

중국 영화 황제라 불리는 배우 김염은 조선 최초로 서양 의술을 배운 의사 김필순의 아들이다. 김염은 열일곱 살에 영화계에 뛰어들어 중국 영화배우로 활동하며 승승장구했고, 1934년 영화 관련 잡지에서 실시한 톱스타 투표에서 최고의 스타로 뽑혔던 당대 인기 영화인이다. 백범 김구에게 자금을 대는가 하면, 일본 제국주의를 알리는 영화는 거부하고 비판하는 영화에 출연하며 아버지의 정신을 이었다. 김염의 누이이자 김필순의 큰딸 김위는 조선의용대를 창설한 구성원이기도 하다.

— ○○○ 기자

부록

역사 선생님이 들려주는 헤이그 특사 사건

이윤구
(부평여자고등학교 역사 교사)

고종, 만국 평화 회의에 특사를 보내다

1907년, 고종은 비밀리에 네덜란드 헤이그에서 열리는 만국 평화 회의에 특사를 파견했어. 이상설, 이준, 이위종 세 사람이었지. 고종이 일본의 눈을 피해 특사를 파견한 이유는 무엇이었을까? 이들은 만국 평화 회의에서 무엇을 하려고 했던 걸까?

일본이 강제로 체결한 조약, 을사늑약(乙巳勒約)

1905년 일본이 러일전쟁에서 승리했어. 영국, 미국에게는 이미 한국에 대한 권리를 인정받았고 러시아의 견제도 사라졌기 때문에 일본은 본격적으로 한국 침략을 시작할 수 있게 되었지. 곧 이토 히로부미가 파견되어 을사늑약 체결을 강요했어. 을사늑약은 일본인 통감이 우리나라의 모든 외교 활동을 도맡아 한다는 내용을 담고 있었어. 국가를 통치하는 권리 가운데 하나인 외교권을 빼앗으려는 것이었지.

　일본군은 궁궐을 포위하며 공포 분위기를 만들었고, 이토 히로부미는 고종을 만나 조약의 체결을 강요했어. 고종이 이에 응하지 않자 이토 히로부미는 대신들을 불러 회의를 열게 했어. 위협 속에서도 결론이 나지 않자 대신들에게 찬반을 물어 조약 체결을 결정하도록 했지. 8명의 대신 가운데 5명이 찬성하자 일본은 지금의 외교부 장관에 해당하는 외부대신을 압박해 조약의 체결을 밀어붙였어. 이 모든 과정에서 일본의 강요와 압박이 있었고, 고종의 최종 승인도 없었기 때문 '강제로'라는 의미를 가진 '늑(勒)' 자를 넣어 이 조약을 1905년 을사년에 일어난 강제 조약이라는 뜻으로 '을사늑약'이라고 부르는 거야.

을사늑약에 저항하다

　을사늑약이 발표되자 각계각층의 저항과 반대가 크게 일어났어. 저항의 뜻으로 상인들은 상점의 문을 닫았고, 학생들은 스스로 휴학을 했어. 양반들은 상소문을 올려 조약의 무효를 주장했고 고위 관리였던 민영환처럼 동포에게 전하는 유서를 남기고 자결한 사람들도 있었지. 언론은 일본의 침략을 비난하며 조약에 반대하는 움직임을 보도했고, 곳곳에서 의병이 일어나 일본군과 전투를 벌였어. 사람들은 을사늑약에 찬성했던 5명의 대신이 나라를 팔아먹은 매국노라며 '을사오적'이라 불렀고 이들을 처단하려는 시도도 있었지.

고종은 당시 국제법으로 인식되었던 만국공법을 근거로 세계 여러 나라에 을사늑약이 부당하고 불법적인 조약이라는 점과 대한 제국이 독립국임을 알리려고 노력했어. 국제 사회의 도움으로 일본의 침략을 막아 보려고 했던 거야. 하지만 국제 사회의 반응은 싸늘했어. 고종은 먼저 미국에 도움을 요청했지만 미국 정부는 이를 외면했지. 고종은 포기하지 않고 일본의 눈을 피해 다른 나라에도 친서를 보내는 한편, 1907년에 네덜란드 헤이그에서 열리는 2차 만국 평화 회의에 특사를 보내기로 한 거야.

전 세계에 을사늑약의 부당함을 알리다

만국 평화 회의는 세계 여러 나라가 참여하여 전쟁을 막기 위한 목적으로 1899년에 처음 열린 국제회의야. 먼저 이준이 고종의 위임장을 받고 서울에서 블라디보스토크로 갔어. 그곳에서 이상설과 만나 당시 러시아의 수도인 상트페테르부르크로 향했어. 여러 외국어에 능통한 이위종이 합류하여 러시아 황제에게 고종의 친서를 전달하며 지원을 요청하려고 했지.

러시아는 만국 평화 회의 주최국이었고 1906년까지만 해도 대한 제국을 만국 평화 회의 초청국 명단에 올려 주었어. 고종은 을사늑약이 국제적으로 널리 받아들여진다고 하더라도 주최국인 러시아의 도움이 있다면 회의에 참석해서 한국의 상황을 호소할 수 있다고 생각했던 거야. 하지만 원래 1906년에 열리기로 했던 만국 평화 회의가 1907년으로 연기되었고, 그 사이 러시아는 일본과의 협상을 통해 한국에 대한 입장을 바꾸었어. 결국 특사단은 러시아 황제를 만나지도 못하고 헤이그로 발길을 돌리게 되었지.

특사단은 헤이그에서 평화 회의 측에 고종의 친서를 전달하고 회의 참여를 요청했지만 받아들여지지 않았어. 이미 여러 나라가 을사늑약을 승인한 상태였기 때문에 대한 제국 정부의 외교권은 인정받지 못했던 거야. 하지만 특사단은 호소문을 작성하여 각국의 대표와 기자들에게 전달하고 언론과 인터뷰도 진행했어. 또 각국 신문 기자단 협회에 참석해 한국의 상황을 전하고 많은 언론인의 지지를 이끌어 냈지.

고종은 미국인 헐버트에게도 임무를 주었어. 헐버트는 1905년 을사늑약 직후 을사늑약이 무효라는 고종의 뜻을 미국 정부에 전달한 사람이야. 1907년에 그는 고종의 친서를 가지고 유럽을 방문했고 헤이그에서 특사들을 도왔어. 그는 영국 언론인 스테드를 만나서 한국의 처지를 호소했고, 스테드는 자신이 발행하던 신문인 《평화회의보》에 세 명의 특사가 전달한 호소문을 싣고 특사들의 활동을 보도했지.

헤이그 특사단은 이후 어떻게 되었을까?

헤이그에 파견된 특사들은 세계 여러 언론에 한국의 처지를 알리는 것까지는 성공했지만 본래의 목적인 회의 참석에는 실패했어. 이준은 회의에 참석하지 못한 분한 마음과 오랜 기간 쌓인 피로로 인해 병을 얻어 헤이그에서 순국하고 말았지. 이상설과 이위종, 헐버트는 유럽 여러 나라와 미국을 방문하여 정치인과 언론인들에게 일본의 침략과 을사늑약의 부당함을 알리는 활동을 계속했어.

이상설과 이위종은 특사 활동 이후 연해주의 블라디보스토크로 가서 독립운동을 위한 기지를 만들고 의병을 조직하는 등 적극적으로 독립운동을 주도했어. 이상설은 1917년 연해주에서 사망할 때까지 연해주와 만주, 상하이를 떠돌며 독립운동 단체와 독립군을 만들었어. 이위종은 연해주 의병 활동에 참여했다가 1908년 이후 상트페테르부르크로 돌아갔어. 이후 제1차 세계 대전에 러시아 군인으로 참전했고, 러시아 혁명에 가담하여 한인 부대를 이끌었지.

또 다른 특사였던 헐버트는 미국으로 돌아간 뒤 1945년까지 꾸준히 연설, 강좌, 언론 활동을 통해 일본의 침략을 알리고 한국의 독립을 주장했어. 1919년 파리 강화 회의 기간 중 대한민국 임시 정부의 대표였던 김규식과 여운홍의 외교 활동을 돕기도 했지. 1949년에 대한민국 정부의 초청을 받아 한국으로 돌아왔으나 고령으로 긴 여행의 피로를 이기지 못하고 사망하여 서울에 있는 외국인 묘지에 묻혔어.

자유를 위해 끝까지 싸운 독립운동가들

헤이그 특사들의 활동이 알려지자 일본은 고종에게 책임을 물으며 황제의 자리에서 물러나라고 했어. 특사를 파견해 일본에 적대적인 행동을 했으니 조약을 위반했다는 것이었지. 결국 고종은 일본과 친일 대신들의 압박 속에서 황제의 자리에서 물러났고, 순종이 새로운 황제가 되었어.

이후 일본은 한일신협약을 강제로 체결하여 대한 제국의 군대를 해산했어. 그리고 통감이 외교뿐 아니라 국내 정치에 대한 권한을 갖고 한국의 내정에 관여할 수 있게 되었지. 그러자 일본에 맞서는 의병 활동이 크게 일어났어. 전국의 의병이 모여서 한꺼번에 서울로 진격하는 작전을 펼치기도 했지. 하지만 일본의 탄압으로 의병 활동을 할 수 없게 되자, 살아남은 의병들과 독립에 뜻을 품은 사람들은 만주와 연해주 지역으로 떠났어. 이곳에는 이미 터를 닦고 독립을 준비하던 사람들이 있었고, 그중에는 헤이그 특사로 파견되었던 이상설과 이위종도 있었어.

고종의 헤이그 특사 파견은 왜 실패하고 말았을까? 고종은 만국공법의 이상을 믿고 세계 여러 나라에 을사늑약의 불법성을 호소하려고 했지. 하지만 당시는 식민지 쟁탈을 위해 강대국끼리 다툼을 벌이는 시대였어. 강대국들은 자신들의 이익에 따라 움직였고 국제법도 강대국끼리의 규칙이었지 대한 제국을 위한 것은 아니었던 거야.

1910년 이후 일본의 식민 통치를 받으며 억압과 고통을 겪고 있던 시기에도 많은 이들이 포기하지 않고 독립운동을 계속해 나갔어. 헤이그 특사들의 활동과 생애는 이런 독립운동의 흐름 속에 분명히 자리하고 있어. 이상설, 이준, 이위종, 그리고 헐버트처럼 불리한 국제 질서 속에서도 독립과 자유에 대한 의지를 꺾지 않고 싸웠던 독립운동가들이 있었기에 우리는 세계 질서가 변화하고 새로운 기회가 왔을 때 일본의 식민 통치에서 벗어날 수 있었던 거야.

배워서 나라를 구한 독립운동가들

1판 1쇄 발행일 2021년 8월 30일

지은이 손주현
그린이 원유미

발행인 김학원
발행처 휴먼어린이
출판등록 제313-2006-000161호(2006년 7월 31일)
주소 (03991) 서울시 마포구 동교로23길 76(연남동)
전화 02-335-4422 **팩스** 02-334-3427
저자·독자 서비스 humanist@humanistbooks.com
홈페이지 www.humanistbooks.com
유튜브 youtube.com/user/humanistma **포스트** post.naver.com/hmcv
페이스북 facebook.com/hmcv2001 **인스타그램** @human_kids

편집 박현혜 정은미 **디자인** 기하늘
사진제공 백산기념관 위키피디아
용지 화인페이퍼 **인쇄** 삼조인쇄 **제본** 정민문화사

글 ⓒ 손주현, 2021   그림 ⓒ 원유미, 2021

ISBN 978-89-6591-430-3 73910

- 이 책은 저작권법에 따라 보호받는 저작물이므로 무단 전재와 무단 복제를 금합니다.
- 이 책의 전부 또는 일부를 이용하려면 반드시 저작권자와 휴먼어린이 출판사의 동의를 받아야 합니다.
- **사용 연령 8세 이상** 종이에 베이거나 긁히지 않도록 조심하세요. 책 모서리가 날카로우니 던지거나 떨어뜨리지 마세요.